"Neste livro poderoso, Sheila compartilha a verdade transformadora de que a vida é um processo e que Deus nunca nos deixa nem nos abandona. Raramente há soluções rápidas na vida, mas Jesus nos oferece esperança, cura e integridade. O 'tudo bem' não está por aqui, mas Jesus está."

CHRISTINE CAINE, **fundadora da campanha A21 e da organização Propel Women**

"A sabedoria e o incentivo característicos de Sheila Walsh brilham neste novo livro. Por meio de histórias pessoais e ensinamentos da Bíblia, Sheila nos mostra que tudo bem falhar, desde que nos levantemos de novo — uma lição de vida que tentei ensinar a meus filhos e viver eu mesma."

KORIE ROBERTSON, **escritora e integrante do programa "Os Reis dos Patos"**

"Os momentos da vida, bons e ruins, vêm em ondas. Às vezes, durante os momentos difíceis, precisamos de palavras encorajadoras e edificantes para alimentar nossa alma. Em *Tudo bem não estar bem*, Sheila Walsh compartilha suas histórias e sabedoria para nos incentivar a começar de novo e avançar um passo de cada vez. Este livro nos lembra que, mesmo nos momentos sombrios, a luz de Deus nos aguarda no fim da tempestade."

ROMA DOWNEY, **produtora, atriz e autora best-seller na lista do *The New York Times***

"Aqui está o avanço pelo qual você anseia! Permita que minha amiga Sheila Walsh o ajude a escapar dos grilhões que o impedem de encontrar graça e esperança por meio de Cristo. Nunca subestime o seu potencial, uma vez que você é empoderado pelo Deus que conhece tudo em você e o ama completamente!"

LEE STROBEL, **autor *best-seller* de *Em defesa de Cristo* e *Em defesa da fé***

TUDO BEM
não estar
BEM

Sheila Walsh

TUDO BEM
não estar
BEM

Tradução: Talita Nunes

SIGA *em* FRENTE
DANDO *um* PASSO *de* CADA VEZ

Rio de Janeiro, 2019

Título original: *It's Okay Not to Be Okay: Moving Forward One Day at a Time*
Copyright © 2018 por Sheila Walsh.
Edição original por Thomas Nelson. Todos os direitos reservados.
Copyright de tradução © Vida Melhor Editora, LTDA., 2019.
Todos os direitos desta publicação são reservados por Vida Melhor Editora, LTDA.

GERENTE EDITORIAL	Samuel Coto
EDITOR	André Lodos Tangerino
PRODUÇÃO EDITORIAL	Bruna Gomes
COPIDESQUE	Patrícia Garcia
REVISÃO	Nádia Roma
CAPA	Rafael Brum
DIAGRAMAÇÃO	Julio Fado

As citações bíblicas são da Nova Versão Internacional (NVI), a menos que seja especificada outra versão da Bíblia Sagrada. Os pontos de vista desta obra são de responsabilidade da autora, não refletindo necessariamente a posição da Thomas Nelson Brasil, da HarperCollins Christian Publishing ou de sua equipe editorial.

Dados Internacionais de Catalogação na Publicação (CIP)
Angélica Ilacqua CRB-8/7057

W19t
Walsh, Sheila
Tudo bem não estar bem : siga em frente um dia de cada vez / Sheila Walsh ; tradução de Talita Nunes. — Rio de Janeiro : Thomas Nelson, 2019.
192 p.

Título original: It´s okay not to be okay
ISBN: 978-85-7167-031-0

1. Cristãs - Vida religiosa 2. Vida cristã 3. Arrependimento - Aspecto religiosos - Cristianismo 4. Mudança (Psicologia) I. Título II. Nunes, Talita

19-0855	CDD 248.3
	CDU 243

Thomas Nelson Brasil é uma marca licenciada à Vida Melhor Editora LTDA.
Todos os direitos reservados à Vida Melhor Editora LTDA.
Rua da Quitanda, 86, sala 218 - Centro
Rio de Janeiro - RJ - CEP 20091-005
Tel.: (21) 3175-1030
www.thomasnelson.com.br

Este livro é dedicado com amor e admiração a toda alma
cansada que cai e se levanta, vez após vez. É fácil cair;
para se levantar e dar o próximo passo é preciso coragem.

SUMÁRIO

Introdução 11

1. Dê o primeiro passo 17

2. Admita que você está travado e com dificuldades 33

3. Mude seu modo de pensar 49

4. Enfrente os "e se..." mesmo com medo 67

5. Abra mão do que você não pode controlar 87

6. Erga-se acima das decepções 107

7. Celebre suas cicatrizes como tatuagens de triunfo 129

8. Decida começar de novo... e de novo 151

Conclusão 175

Agradecimentos 187

Sobre a autora 189

INTRODUÇÃO

TUDO BEM NÃO ESTAR BEM

Eu gostaria de segurar com as duas mãos meu rosto de 21 anos (ainda se recuperando das espinhas dos dezesseis) e dizer-lhe: "Não tem problema não estar bem, juro." Ela teria acreditado em mim? Acho que não. Ela estava determinada a fazer tudo certo.

Tudo começou com uma foto. Outro dia, eu estava limpando as gavetas e encontrei uma fotografia antiga embaixo de um rolo de papel de presente natalino. Sentei-me no sofá e estudei a foto. Estou usando um vestido branco e uma beca, 21 anos de idade, minha formatura do seminário. Meu cabelo está curto e escuro. Demorou cerca de três anos para ele se recuperar da minha experiência com um permanente que deixou meu cabelo com cara de almoço fuçado por um bando de cachorros. Na fotografia, eu estou sorrindo, confiante, pronta para dominar o mundo para Jesus.

Meu coração se aperta. Há tanta coisa que eu gostaria de contar a ela.

"Hidrate seu pescoço! Você vai me agradecer depois!"

Se eu tivesse apenas dez minutos, iria direto ao ponto. Eu lhe diria que a vida não vai ser o que ela imaginou. Diria que vai desapontar as pessoas e que elas vão desapontá-la, mas ela vai aprender com isso. Eu deixaria ela saber que vai cair de novo e de novo, mas, em vez de entender menos o amor de Deus, ela o entenderá mais. Eu lhe contaria que seu coração vai se partir, mas ela sobreviverá e isso mudará a forma como vê as pessoas, não como causas a serem salvas, mas como pessoas a serem amadas. Eu lhe avisaria que algumas vezes a noite vai ficar muito escura, mas ela nunca estará sozinha, mesmo quando estiver absolutamente convencida de que está. Eu a faria saber que é amada. Falaria para ela se livrar de sua lista punitiva de coisas que acha que precisa acertar.

Vivi muito de minha vida com uma lista de coisas para mudar, para fazer melhor, se não no papel, ao menos mentalmente. Acho que a maioria de nós tem isso, e a mensagem é sempre a mesma: Nós podemos fazer melhor.

Não vamos só nos matricular na academia, nós vamos de fato frequentá-la!

Este novo plano de dieta vai funcionar e no verão estaremos prontas para o biquíni. (Nota para meu eu: Não se atreva a comprar um biquíni. Ainda que você fosse mais magra, as coisas não estão onde costumavam estar e ninguém além de seu amado marido precisa saber disso).

Começaremos este plano de "Leia a Bíblia inteira em um ano" novamente. (No ano passado cheguei a 7 de maio e acabei me distraindo, e, quando me dei conta, eu estava um Levítico inteiro, 53 salmos e Romanos tudo atrasado).

Nós vamos nos recuperar dos gastos excessivos e seremos financeiramente responsáveis.

Prepararemos refeições nutritivas e saudáveis para nossa família e nos sentaremos juntos à mesa pelo menos cinco noites por semana.

INTRODUÇÃO

Reduziremos o tempo em frente à TV e leremos mais livros.
Mas, às vezes, as mensagens têm muito mais peso:
Esse casamento vai funcionar.
Nós vamos sair das dívidas.
Nossos filhos vão voltar a Cristo.
Nós vamos comer melhor por amor à vida, não à nossa cintura.

Não sei qual é a aparência de sua lista interna, mas se for alguma coisa parecida com a minha, ela geralmente serve para informar sobre as falhas. As listas são escritas quando as crianças estão dormindo ou você teve uma boa noite de sono e uma boa xícara de café. O problema é que as crianças acordam e que a mulher impossível com quem você trabalha fica mais barulhenta e detestável a cada minuto e não há dose de café que consiga ajudar.

E quanto à nossa vida espiritual? Essa pode ser a lista mais crítica de todas. Quando assumimos que o amor de Deus é baseado em nosso comportamento, nós nos colocamos em posição para uma queda devastadora.

Vou orar mais.
Vou compartilhar minha fé no trabalho.
Vou ler minha Bíblia de Gênesis até os mapas do fim.
Vou confiar em Deus sem questionar.

Então, por que eu intitulei este livro de Tudo bem não estar bem? Estas palavras podem soar meio como frase de adesivo para você, mas não para mim. Quero que você saiba que eu batalhei por essas palavras. Elas podem soar como uma bandeira branca, cinco palavras de rendição, mas não são.

Para mim, elas são palavras de vitória!

Eu deixei de me bater tentando viver uma vida que Jesus nunca me pediu que vivesse. A vida que meu eu "recém-saído do seminário, determinado a salvar o mundo, amar o não amável, ter nove horas de sono toda a noite e nunca decepcionar a Deus" tentou viver por tanto tempo.

Não sei em que ponto da vida você está enquanto lê isso, mas se eu pudesse me sentar com você por um tempo, eu lhe diria: "Respire fundo e segure por cinco segundos, e depois expire. De novo. De novo."

Depois eu lhe diria que realmente não tem problema não estar tudo bem. Foi por isso que Jesus veio.

Eu entreguei minha vida a ele quando tinha onze anos. Agora, enquanto escrevo, estou com 61. São cinquenta anos caindo e levantando. Cinquenta anos tentando merecer ser amada. Cinquenta anos fazendo as mesmas coisas repetidas vezes, esperando que, desta vez, elas tivessem um resultado diferente. (Sim, eu sei que essa é a definição de insanidade).

Aqui vão as boas-novas: também são cinquenta anos da fidelidade de Deus e deste belo convite de Cristo:

> Vocês estão cansados, enfastiados de religião? Venham a mim! Andem comigo e irão recuperar a vida. Vou ensiná-los a ter descanso verdadeiro. Caminhem e trabalhem comigo! Observem como eu faço! Aprendam os ritmos livres da graça! Não vou impor a vocês nada que seja muito pesado ou complicado demais. Sejam meus companheiros e aprenderão a viver com liberdade e leveza. (Mateus 11:28-30, *A Mensagem*)

Que lindo lugar para começar de novo, lado a lado com Jesus, aprendendo a viver com liberdade e leveza.

Li um antigo provérbio chinês que dizia: "A melhor época para plantar uma árvore foi vinte anos atrás. A segunda melhor é agora."

Eu gosto disso. Essas são palavras cheias de esperança. Elas dizem que podemos começar de novo e de novo e de novo. Não importa qual seja a verdade em sua vida neste momento, quero lembrá-lo de que Deus o ama neste exato minuto, não importa o que esteja acontecendo ao seu redor ou dentro de você. Agora estas palavras podem não ter efeito algum sobre você, se estiver em um lugar desconhecido, em uma época difícil.

INTRODUÇÃO

Talvez você esteja enfrentando o fim de um casamento e se sinta um fracasso, ou você foi traído e abandonado.

Você pode estar diante de um ninho vazio sem ter ideia de como sua vida deve andar agora.

Talvez você tenha perdido um ente querido e a própria ideia de avançar não só parece impossível, como também errada.

Talvez você pense: Eu já fiz isso antes. Eu tentei começar de novo e não deu certo.

Ou talvez, se você for bem honesto, está cansado demais para tentar. Eu entendo isso. Já estive assim.

Eu gostaria de dizer, gentilmente, que você foi feito para mais. Você é alguém por quem vale a pena lutar. Cristo achou que valia a pena morrer por você. Você está disposto a abrir seu coração para a possibilidade de seguir em frente, um dia de cada vez?

A vida raramente oferece soluções rápidas; é um processo e Deus está conosco, em todo o caminho. Ele não procura perfeição em nós; ele vê isso em Cristo. Você não precisa estar bem, porque Jesus o tornou ótimo. Ele pagou a conta toda. Ele cobriu o nosso estado de "não muito bem". O "tudo bem" não está por aqui, mas Jesus está. Tudo que ele procura em nós é a disposição de dar o próximo passo.

O meu corpo e o meu coração
poderão fraquejar, mas Deus é a força do meu coração
e a minha herança para sempre.
(S̀almos 73:26)

O sempre é feito de agoras.
(Emily Dickinson)

UM

DÊ O PRIMEIRO PASSO

Eram 22h. Não é tarde demais para os padrões normais, mas é tarde se durante as últimas dez noites você passou boa parte acordado. Eu estava tentando me acomodar na cama. Tentando relaxar um pouco e assistir à competição feminina de patinação no gelo na modalidade livre, mas a TV estava sem sinal... de novo. Eu estava prestes a jogar o controle na tela. Meu marido, Barry, estava exausto e roncava como se estivesse competindo, e ele claramente liderava o jogo. Pensei em lhe dar uma leve cutucada, mas não tive coragem de acordá-lo. Ele vinha dormindo no sofá, no andar de baixo, nas últimas dez noites; assim, estar de volta à nossa cama era uma felicidade. Agora, antes que você comece a presumir qualquer coisa ou orar por nós, não estávamos com problemas conjugais. Nosso filho de 21 anos voltara da faculdade, estava em casa e acabara de ter suas amígdalas e adenoides removidas. Ele estava com muita dor.

O médico nos disse que essa era a cirurgia mais dolorosa pela qual um adulto pode passar, mas foi pior do que imaginávamos. No dia da cirurgia, fiz a bobagem de pedir a Christian que abrisse a boca para eu dar uma olhada lá dentro antes de levar seu ser semiconsciente para casa. Christian baixou a viseira no teto do carona e olhou primeiro. Ele voltou seus grandes olhos castanhos para mim, claramente chocado:

— Oh, céus! Mãe, olha isso.

Uau! Não dá para "desver" as coisas. Parecia que o cirurgião havia pego uma espátula de jardim e cavado dois buracos no fundo da garganta do meu filho.

— É, isso é... bem, uau... tá... hmm... Vamos para casa — falei.

Os primeiros três dias foram difíceis, mas quando chegamos ao quarto dia, a dor dele foi a um novo nível. Ele literalmente tremia de dor. Não conseguia comer e doía quando bebia. Ele tinha dificuldade para engolir qualquer coisa. Eu tinha de colocar os analgésicos na gelatina para descerem mais facilmente. O médico nos disse para vigiar e ficar em cima da dor, certificando-nos de que ele tomasse os remédios a tempo, então eu coloquei alarme para meia-noite, 4h e 8h. Barry dormia no sofá no andar de baixo, ao lado do quarto do nosso garoto, para o caso de ele precisar de alguma coisa à noite. Agora estávamos no décimo dia, e as coisas finalmente começavam a melhorar.

Desliguei a televisão, esperei dez segundos e liguei novamente. Nada. Eu estava cansada, mas bem desperta, então desci para tomar uma xícara de chá. Dei uma checada em Christian enquanto a água fervia; ele dormia profundamente. Era uma grata visão. Tantas coisas consideramos garantidas, até que nos são tiradas, como o simples presente de ter o filho dormindo a noite toda. Pensei nas famílias que têm filhos com doenças crônicas. Como dão conta? Não consigo imaginar. Parei na cozinha e orei por mamães e papais que anseiam por uma pausa depois de dez dias, mas, em vez disso, os dias se transformam em semanas e meses.

Eu começava a sentir que conseguiria pegar no sono, então voltei ao andar de cima e subi na cama. Foi aí que fiquei incomodamente ciente

DÊ O PRIMEIRO PASSO

de um ponto úmido sob mim. Cautelosamente estendi a mão para fora e descobri não um ponto, mas uma poça e uma cadelinha com cara de envergonhada. Belle, nossa bichon frise que dorme conosco na cama, tem catorze anos, e os pensamentos de "preciso ir fazer xixi" e "já fiz xixi" parecem ocorrer-lhe exatamente na mesma hora. O veterinário nos disse que precisávamos colocar-lhe fraldas à noite, mas, com tudo o mais acontecendo, eu me esquecera. Agora vinha a parte interessante: tentar colocar, no escuro, a fralda em um cão relutante. Eu colocava metade da coisa, e ela disparava para o outro lado da cama. A certa altura, percebi que havia colocado o negócio na cabeça dela. Por fim, consegui sossegá-la e prender a fralda, quando a televisão, de repente, começou a falar. Barry pulou alarmado e eu caí da cama. Sentei-me ali no chão e comecei a chorar.

Você já teve um dia desses, em que simplesmente disse: Já chega! Se tiver de lavar mais uma maquinada de roupa ou encontrar mais uma receita de frango ou levar mais uma criança para aula de alguma coisa você simplesmente vai entrar em combustão física. O que eu passei naqueles poucos dias não foi nada comparado ao que muitas mulheres têm de enfrentar, mas eu me senti sobrecarregada e já tivera o bastante. Eu penso em uma amiga querida. Tenho dificuldade de imaginar o que ela passa diariamente. Ela é cadeirante e tem de depender dos outros para tudo. Ela não tem família onde mora e depende de profissionais de saúde locais para lhe dar banho, trazer-lhe a comida e todas as outras coisas que eu consigo fazer sozinha sem ter de pensar. Ela, como eu e, suponho, como você, quer viver uma vida que honre a Deus e, contudo, ela me contou que às vezes parece que não é o bastante, que ela não é o bastante.

Quando me sentei no chão naquela noite, sentindo pena de mim mesma, eu estava cansada. Tinha comido demais, uma vez que passei acordada a noite toda; tive de cancelar minha hora no salão para retocar minhas raízes e estava começando a parecer um gambá, e, mais uma vez, eu estava atrasada no meu plano anual de estudo da Bíblia. Eu estava desapontada comigo mesma e desanimada. Tudo o que eu queria era tirar do freezer o sorvete para o pós-operatório de Christian e devorar o pote inteiro. Acho que o que mais me desencorajava era a sensação de estar de volta no mesmo lugar — de novo.

Veja só, em algum lugar lá no fundo, apesar de eu nunca admitir isso para ninguém, além de você agora, eu acho que consigo ser uma Supermulher. Estou velha demais para a roupa justinha, mas o resto serve bem. Eu quero ser a melhor mãe do mundo. Quero ser a melhor esposa do mundo. Quero honrar a Deus com cada pensamento e ação, e eu simplesmente não consigo. Alguns dias estou muito consciente da presença de Deus, e a oração e as ações de graças fluem facilmente. Outros dias abro minha Bíblia e ela parece árida, e a oração, um trabalho árduo. Eu tenho o hábito de me desdobrar em mil. Quero dizer sim para tudo e ser uma heroína para Deus. Não acho que eu esteja sozinha nessa. Conversei com muitas mulheres que se sentem decepcionadas com a própria vida; é uma questão comum. Aqui vai minha pergunta: Será que estamos decepcionadas por causa das expectativas irrealistas que colocamos sobre nós mesmas, esperando ser o que Deus nunca nos projetou para ser? Pense nisso por um momento. Quantas vezes você sentiu que não era o bastante? Isso me faz questionar de onde tiramos a ideia de "o bastante". Pegue uma típica manhã de domingo: Você finalmente consegue fazer com que todos estejam prontos para a igreja, entram no carro, chegam à igreja, leva as crianças para suas classes e recosta-se em seu assento. No começo é difícil entrar na adoração por causa do um milhão de outras coisas lhe passando pela cabeça, mas, por fim, você sente a presença de Deus e ajusta o foco de seu coração e mente. A mensagem naquela manhã parece feita sob medida para você. Cada trecho da Escritura fala ao seu coração, o que te faz sair dali encorajada. Você se lembra de quem você é; não só a mãe de Sam ou a esposa de David, você é uma filha de Deus e você é amada. Na volta para casa, você até pensa em um jeito novo de cozinhar frango. E, então, chega a segunda-feira.

JESUS DA SEGUNDA DE MANHÃ

O que acontece entre o domingo e a segunda? Por que, às vezes, parece que o Jesus da segunda-feira não é tão claro e presente como o Jesus do domingo de manhã? Quando saímos do culto no domingo, cremos que certas coisas são verdades:

- Eu sou filho de Deus.
- Deus me ama como eu sou.
- Todas as coisas cooperam para o bem daqueles que amam a Deus.
- Deus é comigo.
- Minhas orações fazem diferença.

Contudo, à medida que avançamos na semana, fica mais difícil acreditar que Deus nos ama como somos, porque, sinceramente, nós não nos amamos como somos. Sempre há coisas que queremos mudar em nós mesmos. Nós nos comparamos com outras mães dando caronas ou trabalhando e nem sempre gostamos do resultado.

Eu me recordo da primeira manhã de Christian na segunda série, logo que nos mudamos para Dallas. Fui à sala da turma dele com as outras mães e vi que várias delas estavam com minissaia de jogar tênis, com pernas bronzeadas e tonificadas. Minhas pernas não eram bronzeadas ou tonificadas desde... bem... deixa pra lá. Uma mãe se apresentou a mim e me deu um cartão (não estou brincando) do melhor cirurgião plástico de Dallas. Lembro-me de haver murmurado algo como: "Se eu tiver um acidente de carro ligo para ele." Doideira! A maioria das situações não é tão extrema, mas acho que todos nós passamos por isso. Nós nos comparamos com o que vemos nos outros e, ao fazê-lo, pensamos que nunca seremos suficientes. O que precisamos lembrar, porém, é que as outras mulheres também ficam se comparando. É ilusão em cima de ilusão e ninguém vence.

E quanto a crer que todas as coisas cooperam para o bem daqueles que amam a Deus? Como isso fica quando algo realmente difícil atinge sua família? Como é que o que está acontecendo agora pode ser bom? É difícil não fazer essa pergunta lá no fundo: "Deus está realmente ouvindo minhas orações? Porque nada parece mudar."

Talvez sua situação seja ainda mais difícil do que isso, você nem mesmo sinta a presença de Deus na igreja. Talvez você tenha parado de frequentá-la por algo que alguém lhe disse, ou talvez você olhe à sua volta e veja que todos parecem estar "pegando a coisa", e você, honestamente, não está. Talvez tenha falado, em um pequeno grupo, sobre algo que estivesse enfrentando e, pelas reações, deu para ver que os outros ficaram chocados. Agora eles olham para você de um jeito diferente. Esse é um lugar muito solitário e isolado.

Eu quero dizer uma coisa em alto e bom som no primeiro capítulo: tudo bem não estar bem! A questão básica é que nós jamais fomos projetados para ser tudo para todos. A vida é dura e todos enfrentamos problemas. Os que dizem que não têm problemas estão fazendo uma de duas coisas:

1. Escondendo seus problemas.
2. Fingindo que não tem nenhum problema.

Eu volto a isso em um momento.

Quero deixar claro que não se trata de um livro de autoajuda, para se sentir bem consigo mesmo. Algo desse tipo pode ajudar por um momento, mas quando chegar a primeira tempestade, cada palavra desaparecerá como a névoa da manhã. O que eu quero que olhemos é isto: O que Deus diz sobre quem somos? Deus espera que estejamos com tudo no lugar? E por que sempre sentimos que há algo de errado em tudo?

Para isso, teremos de dar uma olhada em nossa história, bem lá atrás.

PLANO A

> Então o SENHOR Deus fez o homem cair em profundo sono e, enquanto este dormia, tirou-lhe uma das costelas, fechando o lugar com carne. Com a costela que havia tirado do homem, o SENHOR Deus fez uma mulher e a levou até ele. Disse então o homem:
>
> "Esta, sim, é osso dos meus ossos
> e carne da minha carne!
> Ela será chamada mulher,
> porque do homem foi tirada."
>
> Por essa razão, o homem deixará pai e mãe e se unirá à sua mulher, e eles se tornarão uma só carne.
> O homem e sua mulher viviam nus, e não sentiam vergonha.
> (Gênesis 2:21-25)

Gênesis 2 descreve a criação de Adão e Eva. É difícil se identificar com a coisa, porque nunca experimentamos esse tipo de vida perfeita. Eles estavam nus, mas não sentiam vergonha. Isso é muito mais do que Adão e Eva se sentirem bem ao andarem pelados no jardim. É assim que as coisas foram feitas para ser. Não havia barreiras entre eles e Deus. Eles estavam nus em suas emoções.

Nenhuma vergonha.
Nenhum medo.
Nenhuma culpa.
Nenhum questionamento.
Nenhuma comparação.
Nenhuma doença.

Então, tudo mudou. Quando se rebelaram contra as instruções de Deus sobre comer de qualquer árvore no jardim, menos da Árvore do Conhecimento do Bem e do Mal, a vida como a conheciam foi destroçada. Em Gênesis 3:7, lemos: "Os olhos dos dois se abriram, e perceberam que estavam nus; então juntaram folhas de figueira para cobrir-se." A história continua no versículo 10, quando Deus pergunta a Adão onde ele está. E ele responde: "Ouvi teus passos no jardim e fiquei com medo, porque estava nu; por isso me escondi."

Aí está!

Surge vergonha.

Surge medo.

Cobrem-se.

Escondem-se.

... e fazemos isso desde então.

Daquele dia em diante, jamais nasceu homem ou mulher que não tivesse de lidar com essas emoções. Elas são o legado do plano B.

Eu acredito (e é só a minha visão) que algo do DNA do Éden corre no profundo do nosso ser.

Nós sabemos que as coisas deveriam ser diferentes.

Nós sabemos que deveríamos ser melhores.

Nós sabemos que a vida deveria ser justa.

Nós sabemos que a morte está errada.

Sabemos que há alguma coisa errada em tudo e tentamos corrigi-la. A verdade é que não conseguimos.

É por isso que Cristo, o segundo Adão, veio. Cristo não veio para nascer e fazer a Terra voltar a ser Éden. Ele veio para pagar o preço por nossa rebelião e nosso pecado, e tornou possível, a você e a mim, por meio da fé em Cristo, passarmos a eternidade com ele. Então, tudo que foi perdido será restaurado. Eis uma prévia da maior atração que está por vir:

> Então vi novos céus e nova terra, pois o primeiro céu e a primeira terra tinham passado; e o mar já não existia. Vi a Cidade Santa, a nova Jerusalém, que descia dos céus, da parte de Deus, preparada como uma noiva adornada para o seu marido. Ouvi uma forte voz que vinha do trono e dizia: "Agora o tabernáculo de Deus está com os homens, com os quais ele viverá. Eles serão

os seus povos; o próprio Deus estará com eles e será o seu Deus. Ele enxugará dos seus olhos toda lágrima. Não haverá mais morte, nem tristeza, nem choro, nem dor, pois a antiga ordem já passou". (Apocalipse 21:1-4)

Esse será um dia sem igual. Não haverá mais morte nem sofrimento. Não haverá mais câncer nem doença. Não haverá mais relacionamentos rompidos e corações partidos. Todas essas coisas terão desaparecido para sempre. Aleluia!

Mas ainda não estamos lá. Estamos vivendo no rescaldo da queda e isso é difícil. Também é importante lembrar que este é o momento em que estamos.

Tudo bem não estar bem, porque ainda não estamos em casa.

Tudo bem não ser suficiente, porque Deus não nos pede que sejamos.

O que ele quer é fazer morada em nosso coração e nosso lar, nossa mente e nossas lutas. Jesus não é uma *hashtag* para você adicionar à sua vida. Ele quer ser seu tudo.

#JESUS

Eu vivi boa parte de minha vida adicionando Jesus como uma *hashtag*. Não era de propósito. Não sabia que estava fazendo isso, mas eu estava. Quer eu estivesse lidando com perda, depressão ou dificuldade financeira ou relacional, eu fazia meu melhor para consertar as coisas. Eu tentava me sair melhor e, aí, pedia a Jesus que me ajudasse. Era como se a oração fosse um complemento e Cristo só se envolvesse depois que eu houvesse feito minha melhor tentativa. Não é assim que somos projetados a viver no plano B. Mesmo o grande apóstolo Paulo tinha dificuldades para compreender isso.

Em 2Coríntios 12, Paulo fala sobre uma experiência milagrosa que teve com Deus, na qual foi levado para outro mundo, que ele chama de paraíso. Essa palavra "paraíso" vem de uma palavra persa que significa "um jardim murado". Quando um rei persa queria conceder uma grande honra a um homem ou mulher, ele os convidava a caminhar no jardim com ele. É uma bela imagem de um tempo muito íntimo que Paulo teve com Deus. Talvez Paulo tenha tido um vislumbre de como era o plano A, ou talvez tenha visto nossa glória vindoura, mas foi apenas por um tempo. Depois ele segue escrevendo sobre o retorno à realidade do plano B.

Ele prossegue falando no capítulo 12 sobre um "espinho na carne" com o qual lutava. Teólogos, ao longo dos séculos, debatem sobre o que seria o espinho de Paulo. Para nós aqui essa resposta não é importante. O que importa é o que Deus disse a Paulo: "Três vezes roguei ao Senhor que o tirasse de mim. Mas ele me disse: 'Minha graça é suficiente para você, pois o meu poder se aperfeiçoa na fraqueza'" (2Coríntios 12:8,9).

Paulo é fraco. Ele não é suficiente. Ele se encontra em dores e pede a Deus que resolva isso, que leve embora a fraqueza. Deus diz não. A seguir Deus diz estas duas coisas:

> Minha graça é tudo de que você precisa.
> Meu poder funciona melhor na fraqueza.

A palavra *skolops*, usada nesta passagem, pode ser traduzida por "espinho", mas é provável que a ideia fosse "estaca". A imagem de uma estaca é de algo direcionado diretamente ao coração. Fosse o que fosse, o custo para Paulo era alto. Assim, aqui temos um homem que fora cegado por uma visão do Cristo ressurreto (Atos 9:3,4), fora usado para ver inúmeros homens e mulheres salvos, e recebera o dom de uma visão de Deus tão grande, tão acima de nossa compreensão, que ele nem foi capaz de falar sobre isso. No entanto, aqui ele abriu o coração a nós e nos fez saber: "Eu não estou bem, não sou suficiente."

A resposta de Deus a Paulo é sua resposta a nós:

> Minha graça é o suficiente; ela basta a você.
> Minha força funciona melhor na fraqueza.

O que é graça? Nós cantamos sobre ela, falamos dela antes das refeições, mas o que é a graça de Deus? Como isso vem ao encontro de nossa insuficiência? A graça é uma dádiva especial para os que estão em um relacionamento com Deus. Nenhuma outra religião oferece graça.

Eu estive no Camboja recentemente, trabalhando para resgatar garotas pegas pelo tráfico sexual, e tirei uma foto que mostrava a profunda diferença entre nosso Deus amoroso que, em Cristo, se fez um bebê (literalmente assumiu o tamanho de um sapato humano), e os deuses do Sudeste Asiático. Eu estivera trabalhando, naquela manhã, na pior favela em que já estive. As pessoas ali moram em barracos, caindo aos pedaços, sobre um aterro de lixo. Quando o sol brilha, o fedor é quase insuportável. Eu saí para tomar ar e vi que a favela ficava bem ao lado de um templo enorme, ornamentado, construído recentemente. As peças ornamentais no telhado eram cobertas de ouro. Perguntei a meu tradutor por que parte daquele dinheiro não era gasto com os que vivem em tal pobreza miserável? Ele me disse que os sacerdotes creem que os pobres não devem ser ajudados, visto ser culpa deles o fato de serem pobres. Se pegarem o pouco que eles têm e derem aos sacerdotes do templo, os pobres podem reencarnar em uma situação melhor da próxima vez. Eles chamam isso de carma. Sem misericórdia, sem graça, sem esperança.

Quando estava no seminário em Londres, eu costumava visitar a All Soul's Church e escutar John Stott ensinando. Eis como ele descrevia a graça: "A graça é o amor que se importa, se inclina e resgata." Graça é o oposto do carma. Recebemos o que não merecemos: o amor, a misericórdia, o perdão de Deus. Graça é favor imerecido. Graça está aqui para você, agora, em meio ao que está difícil ou não está funcionando. O escritor aos Hebreus descreveu da seguinte maneira: "Assim, aproximemo-nos do trono da graça com toda a confiança, a fim de recebermos misericórdia e encontrarmos graça que nos ajude no momento da necessidade" (Hebreus 4:16).

Deus diz que a graça dele basta a você, mas o texto continua: "Pois o meu poder se aperfeiçoa na fraqueza" (2Coríntios 12:9). Não diz: "Paulo, se sua força estiver um pouquinho em falta alguns dias, eu posso cobrir a diferença." Não. Isso deixa claro que nunca devemos ser fortes por nós mesmos. Somente quando reconhecemos nossa fraqueza é que a força de Deus brilha e é perfeita.

Isso me leva de volta a algo que eu disse anteriormente, que pode ter soado duro.

A questão básica é que nós jamais fomos projetados para ser suficientes. Quando vivemos sob a pressão de sentir que temos de ser suficientes, mas estamos desapontados com a circunstância em que nos encontramos, acredito que temos, de fato, três escolhas:

1. *Podemos nos esconder.* Esse é um lugar sem esperança. Ele leva a sentimentos de desespero, acreditando que nada vai melhorar. O desespero pode levar à depressão ou raiva. Isso faz com que nos fechemos a relacionamentos e nos afastemos. Você já passou por isso? Sei que eu já. Talvez você esteja agora em um relacionamento incompleto e não saiba o que fazer. Tentou fazer mudanças e a outra pessoa não respondeu, então você ficou frustrado e com raiva. Talvez você esteja em um trabalho do qual não goste e não veja nenhuma saída. Você sente que caiu numa armadilha.

2. *Podemos fingir que não temos problema.* Eu acho profundamente perturbador o nível de negação no corpo de Cristo. A igreja deveria ser o melhor lugar do mundo para você se mostrar como realmente é e dizer a verdade, mas tantas vezes acontece o oposto. Nós sorrimos e dizemos que estamos bem enquanto arrastamos o coração cansado e nossos fardos insuportáveis portas adentro da igreja, e muitíssimas vezes saímos do mesmo jeito. Por que fingimos estar bem? Talvez porque tenhamos vergonha da verdade. Não queremos que as pessoas façam pouco caso de nós. Tememos que nos rejeitem. Achamos que deveríamos estar bem porque todo mundo parece estar bem. Eu fiz isso durante anos. Quando se apresenta ao vivo um programa cristão de entrevistas, como eu fiz por cinco anos, mas por dentro você está apenas por um fio, o que você faz? Eu sorria para encobrir minha dor, muito embora estivesse morrendo por dentro. Você pode ser amplamente co-

nhecido e ainda desesperadamente solitário. Fingir que estamos bem quando não estamos leva à ansiedade e ao medo. Tememos que alguém veja nosso verdadeiro eu.

Eu descobri uma terceira via: *Podemos ter uma conversa visceral, honesta com Deus, derramando o coração a ele.*

Eu aguentei firme até não conseguir mais. Lembro-me de uma noite, em meu quarto, quando eu literalmente encharquei o chão com minhas lágrimas. Eu estava completamente exausta de fingir que estava tudo certo, de tentar ficar bem. Então, soltei tudo em Deus. Contei a ele que eu estava com medo e com raiva e cansada e triste e solitária e confusa e tudo mais que consegui pensar. Eu não me editei. Simplesmente despejei tudo.

Acredito que minhas últimas palavras foram: "Não consigo mais fazer isso."

Em vez de me sentir rejeitada por meu desabafo rompante, senti como se Deus se curvasse e dissesse: "Eu sei. Eu estava esperando."

O PRIMEIRO PASSO PARA AVANÇAR

Diga a Deus toda a verdade. Não importa qual seja ela: despeje tudo. Pode ser um caso amoroso, um vício, um aborto. Pode ser que você esteja tão desapontado que odeie sua vida do jeito que está. Pode ser que seu marido nunca preste atenção em você ou não lhe escute. Talvez seus filhos sejam uma decepção e você não sabe se fica zangado consigo mesmo ou com eles. Talvez você seja divorciado e nunca tenha aceitado a vida que agora tem de viver. Seja o que for, Deus sabe e o convida a dar um passeio com ele no jardim e para que você conte a ele toda a verdade.

> Confie nele em todos os momentos, ó povo;
> derrame diante dele o coração,
> pois ele é o nosso refúgio.
> (Salmos 62:8)

Quando comecei a escrever este livro, queria que fosse bem prático, bem "mãos à obra". Eu compartilhei minha história em livros anteriores, mas às vezes me pergunto se deixei meu leitor com o "tá, e agora?" Eu quero lhe dar mais. Então, ao final de cada capítulo, eu forneço ferramentas, passos simples que você pode seguir para avançar. Escolha um (ou todos) que faça sentido para você. Talvez você queira escrever seu próprio passo, que lhe pareça mais autêntico — mas tente não se apressar. Você importa! Começar qualquer coisa na vida é difícil. O primeiro passo é o mais difícil. É uma escolha, um compromisso de mudar. Mesmo que o primeiro passo seja um passinho de bebê, você terá avançado mais do que quando começou. Peça a Deus para ajudá-lo. Convide o Espírito Santo a guiá-lo.

UM PASSO DE CADA VEZ

Diga a Deus toda a verdade

1. Você já pensou em escrever uma carta para Deus? Você pode se surpreender com o que vem para fora quando se faz isso. Não se edite, apenas comece. Conte tudo a Deus. Há algo na prática de escrever que ativa uma parte diferente do cérebro. Se ajudar, leia a carta em voz alta ou leia-a silenciosamente, ainda que na presença do Senhor.

2. Encontre um lugar tranquilo para dar um passeio e meditar em Salmos 61:2:

> Desde os confins da terra eu clamo a ti,
> com o coração abatido;
> põe-me a salvo na rocha mais alta do que eu.

Mesmo quando estava exausto, com a alma cansada, Davi clamava a Deus. Não sei onde você se encontra agora. Talvez tenha desistido de Deus e de si mesmo, mas ele não desistiu de você. Você pode estar com medo de voltar a ter esperança, mas a esperança começa como uma pequena gota de chuva. Minha prece por você é que, à medida que avançar, com o mais ínfimo dos passos, você se sinta encharcado.

Pois os nossos sofrimentos leves e momentâneos estão produzindo para nós uma glória eterna que pesa mais do que todos eles. Assim, fixamos os olhos, não naquilo que se vê, mas no que não se vê, pois o que se vê é transitório, mas o que não se vê é eterno.
(2Coríntios 4:17,18)

Quando as coisas se despedaçam, as partes quebradas permitem a entrada de todo tipo de coisa, e uma delas é a presença de Deus.
(Shauna Niequist)

DOIS

ADMITA QUE ESTÁ TRAVADO E COM DIFICULDADES

O tráfego fica ruim na maioria das cidades às 17h, e Dallas não é exceção. Eu estava parada em um sinal vermelho, passando mentalmente pela lista de tudo que precisava fazer nos próximos dias. Christian estava no primeiro ano do ensino médio e acabara de ter outro estirão de crescimento.

1. Calças novas no topo da lista.
2. Eu precisava fazer as unhas, já que ministraria em uma conferência naquele final de semana, o que me lembrava que…
3. Eu precisava pegar as roupas que mandei para lavagem a seco.

Estava na esperança de ter alguma coisa no *freezer* que eu pudesse preparar rapidinho para o jantar, pois não tinha energia para enfrentar um supermercado lotado. Enquanto esperava o sinal abrir, olhei para o medidor de gasolina e ele estava se arrastando em direção ao zero.

"Amanhã eu cuido disso", pensei comigo mesma.

A lista de amanhã estava ficando maior. Finalmente, o trânsito começou a se mover. O sol se punha enquanto eu virava em nosso beco sem saída. Acenei para meu vizinho, brincando no gramado com seu novo cachorrinho, subi na calçada e entrei em nossa garagem. Virei a ignição, agarrei minha bolsa no banco do carona e me dirigi para casa. Pela janela da cozinha, eu pude ver Barry e Christian jogando futebol à luz dos últimos raios solares. Isso me fez sorrir. Barry não cresceu praticando esportes, mas ele queria ter certeza de que Christian não ficasse de fora de nada.

Virei-me para abrir o congelador e, naquele momento, senti como se alguém houvesse me esfaqueado no final das costas. Eu gritei de dor. Lentamente me virei e agarrei a ilha da cozinha. Não sabia o que havia acontecido. Fiquei ali por um momento, recuperando o fôlego. Com cuidado, dei um passo à frente para ver se conseguia andar, e não doeu; parecia tudo bem. Concluí que devia ter pinçado um nervo por um momento e depois ele se libertou. Não mencionei isso a Barry naquela noite, porque ele é preocupado demais. (Christian e eu o apelidamos carinhosamente de Ió, o burro dos contos do Ursinho Pooh, que espera por desastre a cada esquina). Eu fiquei bem nos próximos dias e, então, em uma manhã, enquanto saía do carro, minhas costas pareceram travar e eu não conseguia me mexer. A dor atingiu minha espinha vertebral e minha perna. Por fim, abaixei-me de volta ao banco do motorista e esperei a dor passar. Eu estava com medo de me mexer. Parecia que danaria alguma coisa, então fiquei ali até Barry chegar em casa e me ajudar a sair do carro.

Nas semanas que se seguiram, os episódios de extrema dor nas costas e dificuldade para andar estavam acontecendo com mais frequência. Àquela altura, Barry não era o único preocupado. Eu sabia que precisava ir ao meu médico. Quando viu meu nível de dor e como minha capacidade de andar estava sendo comprometida, ele me encaminhou a um neurocirurgião. Nas semanas seguintes, fiz radiografias e ressonância magnética. Depois o médico pediu uma tomografia computadorizada com injeção de contraste na coluna. Quando recebeu todos resultados, ele nos chamou ao seu consultório. Ele explicou que dois discos na parte inferior de minha coluna estavam totalmente gastos e que os nervos estavam sendo pinçados entre os ossos. A dor já havia se espalhado das costas à perna esquerda. Eu mal conseguia andar.

"Podemos tentar injeções de cortisona para controlar a dor e reduzir a inflamação", disse ele. "Mas não estou seguro de que será o bastante. Talvez você precise de cirurgia."

Eu decidi começar com as injeções, pois ouvi histórias horríveis sobre cirurgias nas costas, então ele me encaminhou a um médico que cuidava da dor. A primeira injeção de cortisona não deu alívio algum da dor; ele tentou uma outra vez, mas não fazia nada. Eu estava ficando mais fraca e sentindo mais dor a cada dia. Àquela altura, eu passava a maior parte dos dias na cama. Eu me sentia uma mulher muito velha, como alguém que perdera a vida. A depressão clínica, que havia parecido administrável no passado, agora ameaçava a me engolir inteira. Há uns poucos meses havia tantas oportunidades maravilhosas no horizonte. Eu tinha uma agenda cheia de palestras futuras marcadas, e uma porta havia sido aberta para mim na televisão, mas agora parecia que todas as portas foram batidas na minha cara e eu ficara sozinha no corredor.

Você já passou por isso? As circunstâncias são diferentes para cada um, mas os sentimentos são semelhantes. Talvez você acreditasse que um relacionamento que tinha estivesse crescendo e lhe levando a um novo lugar na vida. Se era um relacionamento romântico, a sensação era de que uma porta bonita fora aberta para seu futuro e agora você via tudo através daquela porta. Todas suas esperanças e sonhos estavam do outro lado e, então, de repente, sem nenhum aviso, a porta foi batida na sua cara. Eu assisti isso acontecer a uma amiga minha. Foi de partir o coração. Para ela, todas as coisas negativas, todas as palavras desagradáveis que já lhe haviam sido ditas foram canceladas pelo anel brilhante em sua mão esquerda. Isso lhe servia como prova de que era digna de ser amada. Quando o noivado foi rompido, não destruiu apenas seus planos, destruiu seu coração e sua visão de si mesma. Ela pareceu murchar como uma flor sem água. Ela estava sozinha, no corredor.

Talvez você tenha desejado ser mãe. Você viu suas amigas receberem não apenas um, mas dois ou três filhos na família. Você celebra com elas, mas um pequeno pedaço de você dói por dentro. Você fez tudo o que sabia. Passou por todos os procedimentos penosos e caros na esperança de se tornar mãe, mas todas as vezes a porta foi batida na sua cara.

Eu recebi uma carta de uma mulher que não me deu seu nome nem endereço, mas me deu uma olhadela em sua vida. Ela tentara durante anos engravidar e, por fim, ela e o marido economizaram dinheiro suficiente para tentar a fertilização *in vitro*. Só imagino sua alegria quando descobriu que estava grávida. Mas isso foi rapidamente dizimado. Ela carregou o bebê por oito semanas e depois teve um aborto. Que bater de porta particularmente cruel.

Em sua carta, ela fazia esta pergunta: "Como um Deus de amor pode permitir que isso aconteça?"

Quase pude ouvir o lamento solitário e desesperado que surgia do papel, e eu chorei por ela. A porta que havia sido brutalmente fechada a deixou sozinha, no corredor.

Há tantas coisas que acontecem na vida que parecem a batida de uma porta. O fim de uma amizade que você amava. A perda de um emprego. Um divórcio que você não viu chegando. Um filho que cortou você da vida dele. Um problema de saúde devastador.

As circunstâncias são diferentes para cada pessoa, mas o sentimento de ser rejeitado, estar isolado ou ter o coração partido é esmagador. O que torna muitas dessas situações ainda bem mais difíceis de suportar é você não ter tido escolha, sua opinião sobre o assunto não valeu. Fiquei pensando se a mulher que perdeu o bebê não me dera o nome e o endereço porque sentia vergonha de sua pergunta.

"Como um Deus de amor pode permitir que isso aconteça?"

ADMITA QUE VOCÊ ESTÁ TRAVADO E COM DIFICULDADES

Ela não deveria ter vergonha da pergunta ou da raiva e da dor por trás disso. Sua pergunta é importante. Como você pode perder um filho e não gritar: "Por quê?" Como um Deus de amor *pode* permitir que tais coisas aconteçam? Quando temos medo de fazer esse tipo de pergunta, de protestar contra Deus, ficamos sozinhos em nossa dor. Acho que essa é uma das coisas mais difíceis nessas experiências de porta que se fecha: você se sente sozinho. Se você tem entes queridos ao seu redor, eles podem simpatizar com você, mas não podem entrar na profundidade da devastação. A vida segue para eles, mas não para você. Você está travado no corredor. Se não tem ninguém próximo de você, a noite é ainda mais escura. Muitas vezes me pergunto se alguns dos níveis epidêmicos de depressão e ansiedade em nossa cultura se derivam não apenas de uma carência química no cérebro, mas de uma carência de conexão em nossa vida. As mídias sociais nos fizeram crer que não estamos sozinhos. Podemos ver o número de "seguidores" que temos, mas *seguir* não conta como conexão. Por sua vez, podemos seguir um bando de pessoas — pessoas famosas que nunca conheceríamos na vida normal — e sentir como se tivéssemos uma conexão com elas, mas é uma ilusão. Se as encontrássemos na rua, elas passariam reto por nós. Ter um *smartphone* no corredor não atende às nossas necessidades como humanos reais, de carne e osso.

Pense em sua vida por um momento. Você consegue identificar algum momento de porta se fechando? Talvez eles estejam no passado e você seguiu em frente, mas o que você fez com os sentimentos que frequentemente os acompanham? Em minha vida, descobri que enterrar sentimentos não os faz ir embora; antes, leva à raiva, ao medo e à depressão. Eu achava que havia seguido em frente, mas eu vinha carregando comigo a bagagem dessas emoções duras não expressadas. Pode parecer mais "cristão" não levar a raiva, a dor ou o desapontamento a Deus, mas acredito que seja, na verdade, a antítese de um relacionamento real com Cristo. Nós nos tornamos um pouco menos autênticos a cada experiência que enterramos. Pense nisso. Se você pede a Deus que intervenha em uma situação, seja para curar ou restaurar um relacionamento, mas nada muda e você simplesmente guarda seus sentimentos, você não acha que isso afetaria sua fé? Como você oraria da próxima vez? Você oraria com a mesma intensidade e paixão ou baixaria o nível do que acredita que Deus pode ou quer fazer? Eu acho que a igreja está cheia de cristãos desapontados que não sabem como admitir isso. Logo, qual é a alternativa? Aonde levamos essa dor, e para quem fazemos essas perguntas quando a vida parece brutal e injusta? Como derramar nosso coração a Deus quando sentimos que foi exatamente ele quem nos desapontou?

Quando me sinto desapontada, volto-me à Palavra de Deus. Não sei que lugar a Palavra de Deus ocupa em sua vida (se é que ocupa), mas na minha vida ela é água e ar; ela é minha força vital. Quando me sinto sozinha e à deriva, eu abro suas páginas para me encontrar novamente. A Bíblia não é um aplicativo do Pinterest de pensamentos felizes e citações motivacionais; ela está cheia de clamores honestos que vieram de corações partidos que amavam a Deus, mas sentiram a dolorosa batida de porta na cara.

O profeta Jeremias estava cansado de esperar que Deus aparecesse: "Por que é permanente a minha dor, e a minha ferida é grave e incurável? Por que te tornaste para mim como um riacho seco, cujos mananciais falham?" (Jeremias 15:18).

Seu clamor é claro: *Chega, Deus! Eu estou acabado. Quando tu vais aparecer?*

Jó amaldiçoou o dia que nasceu: "Pereça o dia do meu nascimento e a noite em que se disse: 'Nasceu um menino!' Transforme-se aquele dia em trevas, e Deus, lá do alto, não se importe com ele; não resplandeça a luz sobre ele" (Jó 3:3,4).

Se conhece um pouco da história de Jó, você vai lembrar que ele perdeu tudo. Ele era o homem mais rico vivo na época e toda sua riqueza foi apagada em um único dia. Depois ele perdeu os filhos. Eles estavam juntos na casa do filho mais velho quando um tornado atingiu a casa e nenhum deles sobreviveu. Depois Jó perdeu a saúde, coberto

ADMITA QUE VOCÊ ESTÁ TRAVADO E COM DIFICULDADES

de chagas da cabeça aos pés. Era mais do que qualquer um poderia suportar. Ele desejou nunca haver nascido.

No livro de Rute encontramos Noemi, que perdera o marido e os dois filhos. Quando retornou à sua casa em Belém, ela era uma mulher quebrada. Ela estava em uma dor desesperadora e culpava a Deus por isso. Quando se aproximou de sua antiga casa, as amigas a viram chegando e correram para recebê-la. Mas ela as barrou ali mesmo:

> Mas ela respondeu: "Não me chamem Noemi, melhor que me chamem de Mara, pois o Todo-poderoso tornou minha vida muito amarga! De mãos cheias eu parti, mas de mãos vazias o SENHOR me trouxe de volta. Por que me chamam Noemi? O SENHOR colocou-se contra mim! O Todo-poderoso me trouxe desgraça!" (Rute 1:20,21)

A Palavra de Deus está repleta do clamor honesto, desesperado e sem edição de homens e mulheres ao longo dos séculos, que sentiram a dura batida de uma porta na cara. Eles fizeram as perguntas que todos nós faríamos se achássemos que poderíamos ser honestos. Por que é tão difícil sermos nosso eu cru e autêntico para com Deus? Acredito que uma das questões subjacentes com as quais lutamos como cristãos é conciliar duas crenças fundamentais:

1. Deus é amor.
2. Deus é poderoso.

A primeira é uma mensagem entretecida em toda a Bíblia: não somente que Deus é amoroso, mas que ele é a própria essência e fonte de amor. A segunda: Deus é poderoso, Todo-poderoso. Existem inúmeras histórias da intervenção de Deus, de seu poder sobre tudo e todos. Assim, Deus nos ama e é capaz de impedir que a tragédia atinja nossa vida. Tendo essas duas crenças como basilares à nossa fé, é razoável perguntar: Por que um Deus Todo-poderoso e amoroso permitiria que a desolação nos tocasse? Ele claramente é poderoso o bastante para impedir que coisas ruins aconteçam, e, por ser amor, não é isso o que ele ia querer? Eu amaria dizer que tenho uma resposta para você sobre isso, mas não tenho. Como Paulo escreveu à igreja em Corinto: "Agora, pois, vemos apenas um reflexo obscuro, como em espelho; mas, então, veremos face a face" (1Coríntios 13:12).

Há coisas que acontecem todos os dias que não fazem sentido algum. É aí que escolho, pela fé, lembrar destas coisas:

1. Estamos vivendo no plano B.
2. Cristo é o Redentor no plano B.
3. Ainda não estamos em casa, e Cristo foi preparar um lugar para nós.
4. Mesmo quando o corredor está escuro, nunca estamos sozinhos.

> O SENHOR está perto dos que têm o coração quebrantado e salva os de espírito abatido. (Salmos 34:18)

Pode parecer que eu fui rápido para esse lugar, mas não fui. Tem sido uma longa e difícil estrada, mas como observou Shauna Niequist na citação no início deste capítulo: "Quando as coisas desmoronam, as partes quebradas permitem a entrada de todo tipo de coisa, e uma delas é a presença de Deus."[1]

Deixe-me terminar minha história. Nos dias e semanas que se seguiram ao fracasso da injeção final de cortisona, eu passei muito tempo conversando honestamente com Deus. Eu derramei meu coração e minhas perguntas. E se eu perder a capacidade de andar? E se eu nunca mais ficar livre da dor? E se a minha vida, que costumava parecer uma porta aberta para o futuro, ficar agora restrita às pequenas paredes de minha casa?

Enquanto levava cada medo muito real ao meu Pai celestial, a resposta era a mesma:

---

[1] NIEQUIST, Shauna. *Bittersweet* [Doce amargor]. Zondervan: Grand Rapids, 2013. p. 94.

Eu estarei lá.
Eu estarei lá.
Eu estarei lá.

Enquanto derramava meus medos, eu me sentia abraçada. Não senti nenhum julgamento, apenas uma compaixão esmagadora. Assentando-me com a possibilidade de uma mudança drástica no modo como havia vivido até aquele momento, vi que eu havia definido a qualidade de minha vida pelo que eu era capaz de realizar. Eu colocava tanto valor em *o que faço*, em vez de em *quem sou*. O amor de Deus por mim não tinha nada a ver com eu conseguir subir novamente em um palco ou escrever outro livro ou viajar outra milha. Também vi que, às vezes, minha compreensão do amor de Deus por mim era baseada em como as coisas se desdobravam na minha vida. Quando as coisas iam bem, sentia que Deus me amava. Quando as coisas estavam difíceis, eu me sentia sozinha. O desdobramento me mostrou que ele está sempre perto.

Ficar cara a cara com a verdade de que minha vida talvez nunca mais fosse o que eu queria sacudiu minha fé até o âmago, mas foi uma boa sacudida. Ela sacudiu as coisas soltas, que eram crenças culturais, não verdades bíblicas. Sacudiu a crença de que eu havia rendido tudo a Cristo, enquanto, na verdade, ainda me sentia no direito de ter a vida que eu queria para mim mesma. Sacudiu a crença de que eu estava vivendo pela fé, quando estava, de fato, vivendo pelo que fazia sentido para mim. Eu também descobri que Deus nos encontra na sacudida quando procuramos por ele ali.

Lembrei-me da grande promessa que o menino pastor Davi escreveu:

> Mesmo quando eu andar
> por um vale de trevas e morte,
> não temerei perigo algum, pois tu estás comigo;
> a tua vara e o teu cajado me protegem.
> (Salmos 23:4)

Não há nenhum lugar nesta Terra em que você e eu nos encontremos separados do amor e da companhia de Cristo. O escritor aos hebreus coloca desta forma:

> Deus mesmo disse:
> "Nunca o deixarei,
> nunca o abandonarei."
> (Hebreus 13:5)

Eu fiz uma bela descoberta. Deus não vive apenas nos espaços amplos e abertos de nossa vida, Deus vive no corredor, e sua presença pode ser mais intensamente sentida quando a porta foi batida em nossa cara. Tantas das distrações que haviam enchido minha vida me entorpeceram para ver o propósito crucial da minha vida: trazer glória a Deus, conhecê-lo, permitir que o Espírito Santo invada cada espaço. Eu comecei a adorar no corredor.

Estava na hora de eu me abrir para o que fosse que a próxima temporada da vida pudesse trazer, então marquei uma consulta de acompanhamento com o neurocirurgião. Ele deixou claro que poderia fazer a cirurgia, mas seria complicado: "Vou ter de ir pelas suas costas para remover um disco e pela frente para remover o outro. Isso vai lhe deixar algumas cicatrizes interessantes e seus dias de biquíni podem ter acabado!".

Assegurei-lhe que, tendo em vista que eu fora criada como batista escocesa, isso não era uma preocupação. A data da cirurgia foi marcada.

Ainda estava escuro quando Barry e eu chegamos ao hospital naquela manhã. Dei entrada e fui levada a um cubículo onde vesti a roupa de hospital e colocaram um acesso em minha mão direita. Barry estava ao meu lado, mas deixe eu lhe dizer: a presença de Cristo era tão palpável, que era como se eu pudesse segurar a mão dele. Não só isso, havia uma paz quanto ao resultado. Eu gostaria de poder me sentar cara a cara com você agora, enquanto escrevo isso. É fácil escrever declarações de fé quando você saiu do túnel escuro, mas quero que você saiba que eu tive a paz dele no momento do *não saber*. Cristo oferece paz nas épocas de não saber.

O cirurgião entrou e apresentou-me a uma cirurgiã.

— Ela segurará seus órgãos enquanto eu vou pela frente do seu corpo.

É difícil saber o que responder a isso. Obrigada? Tente colocá-los de volta onde você os encontrou?

O cirurgião principal disse a Barry que o procedimento seria de cerca de seis horas, e ele o avisaria quando acabasse. Enquanto me levavam na maca para a cirurgia, meu último pensamento consciente foi quando a porta da cirurgia se fechava: *Eu rendo tudo.*

Recordo-me de voltar, na sala de recuperação, com Barry perguntando se eu conseguia mexer os dedos dos pés. Achei que era uma pergunta boba demais para um homem adulto, até eu me lembrar de onde estava. Então, mexi. Dentro de poucos dias, dava para ver que a cirurgia fora um sucesso e eu conseguia andar sem dor.

O resultado para você pode ter sido diferente. Ao ler isso, você pode estar nos dias mais desafiadores de sua vida. Quando você não consegue ver o fim de uma situação, é difícil não ceder ao desespero. Uma vez mais, eu olho para o apóstolo Paulo:

> Pois os nossos sofrimentos leves e momentâneos estão produzindo para nós uma glória eterna que pesa mais do que todos eles. Assim, fixamos os olhos, não naquilo que se vê, mas no que não se vê, pois o que se vê é transitório, mas o que não se vê é eterno. (2Coríntios 4:17,18)

Se você não está familiarizado com essa carta ou com a vida de Paulo, é fácil ignorar-lhe as palavras. Quando fala sobre "sofrimentos leves e momentâneos", ele pode parecer alheio à realidade do seu mundo. Quando você olha para o que está enfrentando agora, "leve" ou "momentâneo" provavelmente não são as palavras que você escolheria. Mas precisamos continuar lendo. Paulo tem tanto a compartilhar conosco! Antes de mais nada, ele nos deixa a par do quão extremo era seu sofrimento, para que não descartemos suas palavras, mas, depois, ele nos dá dois presentes que nos ajudarão quando estivermos no corredor. Primeiro, as credenciais em sofrimento:

> Cinco vezes recebi dos judeus trinta e nove açoites. Três vezes fui golpeado com varas, uma vez apedrejado, três vezes sofri naufrágio, passei uma noite e um dia exposto à fúria do mar. Estive continuamente viajando de uma parte a outra, enfrentei perigos nos rios, perigos de assaltantes, perigos dos meus compatriotas, perigos dos gentios; perigos na cidade, perigos no deserto, perigos no mar, e perigos dos falsos irmãos. Trabalhei arduamente; muitas vezes fiquei sem dormir, passei fome e sede, e muitas vezes fiquei em jejum; suportei frio e nudez.
>
> (2Coríntios 11:24-27)

Não consigo imaginar esse nível de sofrimento. E, no entanto, Paulo sofreu ainda mais. Você pode ler sobre o apedrejamento de Paulo em Atos 14.

O apedrejamento não tinha a intenção de ser uma punição; a intenção era sempre de ser uma sentença de morte. É um modo particularmente bárbaro de morte, ainda praticado em algumas áreas do mundo. Homens são enterrados até a cintura, mulheres, até o peito. Para prolongar o sofrimento, ninguém tem permissão para atirar uma pedra grande. Todos que foram ofendidos pelo condenado tinham o poder de participar da execução e atirar a própria pedra. É uma morte lenta. Assim, quando apedrejaram Paulo, eles assumiram que o houvessem matado. "Apedrejaram Paulo e o arrastaram para fora da cidade, pensando que estivesse morto" (Atos 14:19b).

A lista dos sofrimentos de Paulo é sobrepujante; então, por que ele a chama de "leve e momentânea"? Acredito que o faça por duas razões. Por um lado, olhamos ao nosso redor. Por outro, olhamos para cima.

A primeira razão é que nada do que você passa é desperdiçado com Deus. Ele redime cada gota de nosso sofrimento.

Eu não posso consolar uma mulher que perdeu um filho, mas, se você perdeu um, você pode. Ela o ouvirá porque você entende.

Eu não posso consolar uma mulher cujo marido foi embora, deixando-a com dificuldades financeiras, com filhos para criar, mas, se você já experimentou isso, você pode.

Eu não posso consolar uma mulher que deseja ser mãe e não consegue conceber, mas, se você esteve nessa situação, você pode.

Você talvez não possa consolar alguém que perdeu um ente querido para o suicídio, mas eu posso.

Você talvez tenha dificuldade de entender uma depressão severa e doença mental e não saiba o que dizer, mas eu entendo e posso oferecer ajuda.

Essa é a beleza do quebrantamento. Quando encaramos nossas perdas no corredor com Deus e oferecemos os pedaços quebrados a ele, é incrível o que ele fará unindo os pedaços quebrados na vida de outra pessoa. Foi assim que nosso bravo irmão Paulo descreveu: "[Deus é nosso] Pai das misericórdias e Deus de toda consolação, que nos consola em todas as nossas tribulações, para que, com a consolação que recebemos de Deus, possamos consolar os que estão passando por tribulações" (2Coríntios 1:3b,4).

O segundo presente que Paulo nos dá nesta carta é nos lembrar quem somos e aonde estamos indo.

> Por isso não desanimamos. Embora exteriormente estejamos a desgastar-nos, interiormente estamos sendo renovados dia após dia, pois os nossos sofrimentos leves e momentâneos estão produzindo para nós uma glória eterna que pesa mais do que todos eles. Assim, fixamos os olhos, não naquilo que se vê, mas no que não se vê, pois o que se vê é transitório, mas o que não se vê é eterno. (2Corintios 4:16-18)

Ele nos lembra que, embora a vida possa ser muito dolorosa, a dor e a perda têm validade, o sofrimento e a luta têm data de vencimento. Eles não durarão para sempre. Eu imagino Paulo se sentando com você agora, no corredor, dizendo: "Vamos, aguente firme. Olhe para cima, lembre-se a quem você pertence e de que isso não vai durar para sempre."

Mais que isso, Cristo está com você no corredor. Ele está com você na sala de cirurgia. Ele está com você onde quer que você esteja. Neste exato momento, você não está sozinho. Dar o próximo passo pode ser tão simples quanto isto: Reconheça para Deus a sua luta. Conte-lhe qual foi seu sentimento ao ouvir a batida da porta. Diga-lhe que você está solitário e magoado. Deixe que ele se sente com você no corredor e ouça-o dizer:

>Estou aqui.
>Estou aqui.
>Estou aqui.

Deus nunca nos apressa em nossa dor. Ele se senta conosco o tempo que for necessário. Mas, conforme vai recebendo o conforto de Deus, você pode olhar à sua volta e ver que não está sozinho no corredor. Tem mais gente lá, e eles nem conseguem levantar a cabeça. Eles podem não me ouvir, mas pode muito bem ser que ouçam você. Talvez você esteja disposto a se juntar a mim em uma oração que eu faço todos os dias:

>*Senhor, dá-me olhos para ver o que eu não percebi.*
>*Dá-me ouvidos para ouvir além do que as pessoas me*
>*dizem que está acontecendo no coração delas.*

Jesus é o Redentor no corredor.

UM PASSO DE CADA VEZ

Nada pelo que você passa é desperdiçado

1. Considere começar um diário sobre as coisas pelas quais têm passado. Faça um gráfico de sua jornada, pontos positivos e negativos. Quais foram algumas das coisas mais difíceis que você já enfrentou? Quais são algumas das coisas que você está enfrentando agora?

2. Encontre um lugar tranquilo e peça ao Espírito Santo para ajudá-lo a lembrar de coisas que você talvez tenha enterrado. Se sua dor veio por um abuso na infância, pode ser sábio percorrer esta parte da jornada com um conselheiro cristão.

Quando Christian era um garotinho seu pai lhe deu um projeto de artesanato infantil que incluía pedaços lisos de vidro e pedra. Meu filho não achava que desse para fazer nada de bonito com coisas quebradas, até eles começarem a colocá-las no cimento em um molde de coração. A peça acabada é linda. É um de meus bens mais preciosos. Você já pensou em fazer algo assim? Encontre uma loja de artesanato e procure um projeto manual para fazer algo lindo com coisas quebradas. Uma de minhas principais crenças é que é incrível o que Deus fará com uma vida quebrada se lhe forem dados todos os pedaços.

3. Se você está lutando para identificar áreas em que se sente sozinho, peça que Deus lhe ajude nisso. Comece meditando nesta promessa:

> Se algum de vocês tem falta de sabedoria, peça-a a Deus, que a todos dá livremente, de boa vontade; e lhe será concedida. (Tiago 1:5)

Não vivam como vivem as pessoas deste mundo,
mas deixem que Deus os transforme por meio
de uma completa mudança da mente de vocês.
Assim vocês conhecerão a vontade de Deus, isto é,
aquilo que é bom, perfeito e agradável a ele.
(ROMANOS 12:2, NTLH)

Eu posso dizer: "Eu preciso amar mais meus filhos",
mas isso não vai funcionar. Você não consegue lutar
contra um sentimento. Você deve mudar o modo como
pensa sobre seus filhos, sobre seu marido, sobre sua
esposa e isso mudará a maneira como você sente,
o que, então, mudará seu modo de agir.
(RICK WARREN)

TRÊS

MUDE SEU MODO DE PENSAR

Eu nunca fui boa em conversa fiada, que é um dos motivos pelos quais não gosto de festas. Nas festas, espera-se que você se misture. E "se misturar" é um conceito aterrorizante para um escocês. Nós tendemos a ser um pouco reservados, assim, ter uma conversa educada com um estranho, enquanto se está preso em um canto com um espetinho de frango, é o suficiente para nos encher de urticárias. Durante algum tempo, porém, havia mais do que uma simples reticência cultural. Eu não tinha confiança em quem eu era entre uma multidão de pessoas desconhecidas. Pode soar estranho se você considerar que eu passo um bom tempo no palco ou na televisão, mas esses são papéis com os quais fico confortável. Eu sei o que se espera de mim. Quando estou na plataforma, sei que estou fazendo o que Deus me projetou a fazer. Quando estou na televisão, eu amo a intimidade de olhar diretamente para a câmera, lembrando aos que estão assistindo que eles, assim como são, são amados por Deus. (Pode parecer estranho chamar de íntimo um meio de comunicação como a televisão, mas é o que eu sinto). Mas em ocasiões em que me encontrava em um grupo de estranhos ou de pessoas que eu não conhecia muito bem, sentia-me um pouco perdida. Eu tinha estes pensamentos ridiculamente inadequados passando pela minha cabeça:

Será que devo subir na mesa de jantar e cantar feito a Noviça Rebelde?

Será que eu devo fingir que estou orando?

Se eu andar para trás eles vão achar que eu estou entrando?

Provavelmente é por isso que eu sempre me senti à vontade com os cães. Você pode se abaixar até eles, coçar-lhes as orelhas e eles vão ficar felizes. É tudo o que eles esperam, e vão abanar o rabo para provar isso. Agora, não me entenda mal, eu não ficava reclusa. Eu me sentia confortável com amigos íntimos, mas em certas circunstâncias eu tinha dificuldades. Tinha dificuldades por causa do modo como eu me via, como pensava sobre mim mesma. Minha autoimagem e meus pensamentos negativos impactaram por anos minha maneira de viver. Isso afetava minha escolha dos lugares a que eu ia e dos lugares que evitava.

Em 2012, fui convidada a falar em uma conferência na Wembly Arena, em Londres. A conferência estava sendo promovida pela Hillsong Church, uma igreja mundial enorme, cuja sede fica em Sydney, na Austrália. Eu estava familiarizada com a incrível música de adoração que eles produziram ao longo dos anos, mas nunca havia conhecido seus pastores seniores, Brian e Bobbie Houston. Minha única conexão com Hillsong era minha amiga Christine Caine.

As outras palestrantes daquele ano na "Colour" (o nome da conferência da Hillsong para mulheres) eram Christine, Priscilla Shirer e Bobbie Houston. Eu havia viajado sozinha de Dallas a Londres, mas, assim que cheguei, Bobbie e sua equipe me fizeram sentir muito bem-vinda e amada. Wembly acomoda mais de 12 mil pessoas, o que pode ser uma visão bastante intimidante do palco, mas aquilo me levou às lágrimas. Eu nunca imaginara ver multidões como aquela na Inglaterra. Antes de ir para a América, eu trabalhei como evangelista com a Juventude Britânica para Cristo. Naqueles dias, nós lutávamos para conseguir mais do que umas poucas centenas de pessoas em qualquer evento; então, ver milhares de mulheres adorando a Deus juntas foi lindo.

Eu amei cada minuto da conferência, mas, na última noite, minhas inseguranças vieram à tona. Fomos convidadas, depois da conferência, para uma festa na casa de um casal inglês. Naquela noite não foram convidadas apenas as palestrantes, mas a equipe de louvor e vários amigos e líderes de Bobbie que vieram de igrejas da Hillsong pela Europa. Quando todos se reuniram nos bastidores e começaram a amontoar-se em carros, conversando animadamente em suas roupas bonitas de festa, eu pedi licença — murmurando algo sobre uma dor de cabeça — e voltei para o hotel. Lembro-me de estar sentada na cama, sentindo-me solitária e um pouco perdida, mas a ideia de ser empurrada para um grupo de pessoas que pareciam medir 1,80 m e usar tamanho P era demais para mim. Eu não me sentia na moda o bastante ou inteligente o bastante. Eu já havia vestido tudo que levara e não tinha roupa bonita de festa, então, eu votei: pulei fora!

Mesmo enquanto penso nisso agora, sei que ninguém na festa teria se importado com o que eu estaria usando, ou se eu estaria cansada demais para falar e rolaria no chão com o cachorro, o gato ou o hamster. O problema não era eles, era eu. Era o modo como *eu* me via. Era o modo como eu pensava sobre mim mesma. Ironicamente, naquele fim de semana eu compartilhara mensagens sobre ser amado como você é. Eu até havia começado minha primeira mensagem com uma porção da Escritura recentemente descoberta por mim. É perfeita para aqueles dias em que seu cabelo não está obedecendo:

> Seus olhos, por trás do véu, são pombas.
>
> Seu cabelo é como um rebanho de cabras
>
> (Cântico dos Cânticos 4:1b)

Eu conseguia falar com outros sobre serem amados como são e encorajá-los a se mostrar mesmo que estivessem com o cabelo de quem acabou de acordar, mas eu não conseguia agarrar essa mensagem para mim.

Antigos padrões de pensamento são difíceis de mudar. Embora naquela época eu morasse em uma boa casa e tivesse um marido e um filho amorosos, a impressão de ser a criança pobre com roupas de segunda mão, vivendo em moradias do governo era uma identidade difícil de afastar. As circunstâncias de minha infância criaram um processo de pensamento que me dizia certas coisas sobre mim mesma. Meu pai cometeu suicídio quando eu tinha cinco anos de idade, e eu vivi acreditando (embora não creia que jamais tenha pensado conscientemente nisto) que não valia a pena ficar perto de mim. Ele sofrera uma lesão cerebral antes da morte, e a última vez que olhou para mim foi com raiva, o que eu li como ódio. Assim, eu vivia uma vida cuidadosa. Tinha o cuidado de não chegar muito perto de ninguém para que, caso se afastassem, não doesse tanto. Quando entrei no ensino médio, nunca tentei ser amiga das garotas populares porque eu sabia que elas não me aceitariam. Em vez disso, eu me voluntariava para projetos ou fazia teste para uma ponta no musical da escola. Eu sempre fiquei muito mais confortável tendo algo a fazer, porque tinha pouca confiança em quem eu era.

Você imaginaria que, quando me tornei cristã, tudo isso mudou, mas não. Eu cria que Deus me amava porque ele é Deus. Pode soar um pouco desrespeitoso, mas eu pensava: Bem, esse é o trabalho dele. Não é pessoal. Ele ama a todos. Isso não mudava o modo como eu me via ou como acreditava que os outros me vissem. Quando garota, eu encontrava meu valor naquilo que *fazia* para Deus. Eu me voluntariava para tudo na igreja e ficava até tarde para limpar as coisas depois da reunião de jovens. Quando me tornei cantora (em meus primeiros dez anos no ministério), eu fui uma artista cristã contemporânea... pergunte à sua mãe! E depois, apresentadora de TV e ensinei a Bíblia. Eu acreditei que tivesse valor porque, afinal, Deus estava me usando, logo, ele deve estar satisfeito comigo. Eu não entendia que Deus queria transformar completamente o modo como eu pensava e, por conseguinte, como vivia. Não só isso, eu não entendia que a maior história de amor e a mais profundamente pessoal é aquela entre Deus, em Cristo, e qualquer homem ou mulher que venha sem nada e aceite o tudo dele. Eu levaria muitos anos ao longo de uma estrada esburacada para começar a entender isso.

A maneira como pensava sobre meu próprio valor se espelhava em meus relacionamentos com outras mulheres. Eu sentia que elas me aceitavam pelo que eu fazia e pela percepção que tinham de mim. Quando meu filho, Christian, estava na escola, eu já havia escrito vários livros e estivera na televisão, então as outras mães sabiam quem eu era. Eu simplesmente não as deixava saber quem eu *realmente* era.

Eu não permitia que o amor de Deus banhasse meus olhos uma segunda vez. Você se lembra dessa história do Evangelho de Marcos?

> Eles foram para Betsaida, e algumas pessoas trouxeram um cego a Jesus, suplicando-lhe que tocasse nele. Ele tomou o cego pela mão e o levou para fora do povoado. Depois de cuspir nos olhos do homem e impor-lhe as mãos, Jesus perguntou: "Você está vendo alguma coisa?"
> Ele levantou os olhos e disse: "Vejo pessoas; elas parecem árvores andando".
> Mais uma vez, Jesus colocou as mãos sobre os olhos do homem. Então seus olhos foram abertos, e sua vista lhe foi restaurada, e ele via tudo claramente. (Marcos 8:22-25)

Enquanto ele foi curado de cegueira física, algumas vezes nós precisamos ser curados da cegueira espiritual. Somos convidados a voltar a Cristo uma e outra vez para sermos renovados. Ter a visão clarificada é um presente poderoso, a capacidade de vermos a nós mesmos como Cristo nos vê, não pelos rótulos que usamos ou pelo modo como pensamos sobre nós mesmos. Não é que ele não esteja consciente de tudo que faz você ser você e eu ser eu. Ele conhece todas as nossas pequenas peculiaridades e traços de personalidade, mas a verdade gloriosa do evangelho é que *neste exato momento* Jesus está apaixonado por nós, apesar de sermos um bando louco e confuso. Ele nos vê lindos.

Não sei se você tem dificuldades ou em que área você acha que tem mais dificuldades. Pode não ser na maneira como você se vê. Pode ser no modo como você se vê como pai. Você olha para todos os outros pais e para o quão bem os filhos deles se comportam na igreja, e você os vê revirando os olhos quando os seus filhos levantam a voz (e não é para cantar). Você se questiona impiedosamente:

O que estou fazendo de errado?

Por que eles não me ouvem?

Por que os filhos da minha irmã estão indo bem na escola e os meus estão sendo terrivelmente reprovados?

Nós nos julgamos duramente como pais e às vezes lemos esse julgamento nos olhos dos outros, mesmo quando não tem nada escrito lá.

Uma das coisas mais difíceis de suportar é quando um de seus filhos se afasta da fé. Isso é de partir o coração, e os pensamentos que circulam por dentro são torturantes. Você quer saber o que deu errado. Seu filho foi para a mesma igreja, para a mesma escola dominical que o filho de seus amigos, que se tornou um jovem piedoso, e seu filho não quer nada com Jesus. O que aconteceu? O que você deixou passar?

Uma de minhas amigas mais queridas está nessa situação agora. Nós choramos juntas pelo telefone enquanto ela divide o que está acontecendo na vida de seu filho. Ela é uma ótima mãe. É amorosa e justa, forte e carinhosa, mas no momento não consegue se ver assim. A dor turvou-lhe a visão. Ela olha para a situação, que não é boa, e em sua mente isso se traduz para "*você* não é boa". Essa é uma distinção enorme e importante.

Uma de minhas principais paixões como mãe, desde o momento em que meu filho nasceu, foi ajudá-lo a distinguir entre fazer uma coisa ruim e ser uma pessoa ruim. Ele foi uma criança fácil de criar, mas quando tinha dezesseis anos, ele fez algo tolo e felizmente foi pego. Não era grande coisa, mas não era característico dele. Ele é um perfeccionista e mentalmente se castiga se ficar aquém de seu rígido padrão interno. Naquela noite, ele me viu orando e chorando por ele em meu quarto. Ele veio correndo, com lágrimas vertendo pelo rosto, dizendo que nunca faria nada mal novamente. Eu o peguei em meus braços e lhe assegurei, pois eu tinha certeza de que ele faria! Eu lhe disse naquela noite o que eu gostaria de ter entendido aos dezesseis ou mesmo aos 36: o que ele fez não foi uma coisa boa, mas isso não faz dele uma pessoa má. Isso o faz humano. Eu lhe disse que Deus o ama tanto nos dias em que ele sente que fez tudo errado quanto nos dias em que acha que fez tudo certo. Eu lhe disse que a vida terá algumas reviravoltas inesperadas e, às vezes, ele ficará arrasado; mas que nunca duvidasse, nem por um momento, que Deus está no controle. Eu lhe disse para parar de tentar ser perfeito e apenas viver, amando.

Ele olhou para mim e disse:

— Posso te fazer uma pergunta?

— Claro — falei, imaginando que pergunta profunda meu pequeno discurso teria gerado nele.

Ele disse:

— Se você já está bem, posso voltar a assistir televisão?

Sim... profundo!

Talvez você não se questione como mãe; essa pode ser a coisa para a qual você sabe que Deus lhe deu dom. Você talvez lute com a forma como se vê enquanto esposa. Você vê que o marido de sua amiga é afetuoso com ela e que o seu marido é distraído ou desinteressado, e você se pergunta onde está errando. Você se recorda dos primeiros dias em que estavam apaixonados, quando ele amava tudo que você fazia e ria de todas as coisas engraçadas que dizia. Como as coisas puderam mudar tanto? Você se olha no espelho e, com a visão distorcida, acha que você é o problema. Você tentou conversar com ele, até sugeriu aconselhamento, mas ele não está interessado. Em sua mente, há algo errado com você.

Ou talvez tenha sido você quem perdeu o interesse. Você imagina como é que vai encontrar o caminho para voltar à maneira como se sentia no dia de seu casamento. Você não consegue acreditar que costumava achar fofo quando ele largava as meias ao lado do cesto de roupa suja, em vez de dentro dele, ou quando ele deixava o próprio prato na pia, sendo que só mais dois passos e ele chegaria à lava-louças. Agora tudo o que ele faz a incomoda. Não só isso, a paixão se foi. Quando pensa sobre seu casamento, você se sente zangada e triste. Você acredita que nunca mais será feliz, a menos que consiga pular fora.

Eu sou uma grande fã do canal Hallmark no Natal. Amo todos os filmes de neve e todas as histórias de amor, mesmo sabendo exatamente como cada uma delas vai acabar. Eu me pergunto, no entanto, como esses contos românticos afetam nossa vida. Uma dieta constante de finais felizes, embora fictícios, pode obscurecer nossa visão. Não é só a escuridão que muda o que vemos. Óculos cor-de-rosa também podem fazê-lo. Esses tipos de filmes não mostram o trabalho duro que vem com o casamento, quando seria muito mais fácil jogar a toalha. Eles não retratam as épocas em que a única coisa que os mantêm juntos é o compromisso que vocês fizeram com Deus e um com o outro, e não o modo como vocês se sentem quando se olham à mesa do jantar. Mudar a maneira como você pensa pode impactar os relacionamentos mais importantes da vida.

Eu passei por dois anos de luta em meu casamento. Estava decepcionada, ferida e brava. Eu me permiti entrar em um modo de pensar no qual tudo que meu marido fazia estava errado. Também descobri, naquela época, que era fácil encontrar mulheres que me encorajassem a ir embora. Eu tive de escolher cuidadosamente a quem dar ouvidos. Foi meu compromisso com Deus e com nosso filho que me fez aguentar o fogo. Hoje eu olho para Barry, enquanto ele diz para eu não sair porque está frio e que eu posso deixar que ele leva os cachorros para passear, ou o escuto conversando com nosso filho ao telefone, e eu o amo mais agora do que no dia do nosso casamento. Eu não acreditava que isso fosse possível, mas é.

Mesmo enquanto escrevo isso, eu penso naquele cujo casamento não sobreviveu, e oro para que minhas palavras não o condenem, porque de modo algum é esse meu coração. Você pode lutar pelo casamento e ele acabar fracassando mesmo assim. Você pode ter tido um caso e seu marido não lhe perdoou, ou talvez você simplesmente quis sair e saiu. A verdade de tirar o fôlego no evangelho de Jesus Cristo é que nós não somos julgados por nossos fracassos, mas pela obra consumada de Cristo. É claro que isso não significa que vamos viver do jeito que quisermos, significa simplesmente que, quando caímos, há sempre uma porta aberta de volta para o Pai. Esse é o coração e a paixão deste livro. Tudo bem não estar bem, porque Jesus nos acertou com Deus. Se conseguíssemos começar a compreender isso, revolucionaria radicalmente nossa vida. Deus olha para este grupo louco e confuso de beleza, que é o corpo de Cristo, e ele nos ama. Ele, nem por um segundo, ama mais aquele que lutou pelo casamento do que ama aquele que desistiu. Você não é um marginal, não é o segundo melhor. Se você colocou sua confiança em Cristo, você é um filho de Deus.

> Vejam como é grande o amor que o Pai nos concedeu: sermos chamados filhos de Deus, o que de fato somos! (1João 3:1)

Enquanto reflito sobre alguns dos aspectos em que precisamos transformar nosso pensamento, fica claro que vivemos em uma cultura que valoriza coisas externas: aparência, riqueza, posição e sucesso. Talvez você não seja casado ou não tenha filhos, mas você, por acaso, luta com seu valor básico como pessoa? Se você não conseguiu a promoção que esperava ou se não foi convidado a se juntar a um determinado grupo que saía para almoçar é muito fácil se sentir desvalorizado ou insignificante, e isso pode começar a mudar a forma como você pensa sobre sua vida. Recebi uma carta anônima, algumas semanas atrás, de uma mulher que me disse que tem dificuldade para se conectar com qualquer um. Ela vai à igreja, mas se senta nos fundos e escapa durante a música final. Ela não me disse por que se sente tão pouco amável, mas a última frase de sua carta foi: "Acho que se eu desaparecesse esta noite ninguém notaria que eu fui embora." Esse é um lugar miserável para se estar. Nós fomos feitos para nos conectarmos e desejamos saber que somos importantes.

Eu tenho conversado com muitas mulheres cuja maior luta mental é não acreditar que estejam à altura como cristãs. Uma jovem me disse que tem certeza de que Deus deve estar desapontado com ela, porque não ora o suficiente nem tem fé suficiente. Outra mulher me disse que acredita que Deus não lhe responde às orações porque ele não a ama tanto quanto ama algumas das outras mulheres de sua igreja. Em vez de sentirem-se profundamente amados, muitos sentem-se esmagadoramente condenados. Não acredito que seja assim que Deus quer que vivamos. Tem de haver uma transformação em nosso pensamento.

MUDE SUA MENTE

Nos dois primeiros capítulos, abordamos uma conversa honesta e visceral conosco e com Deus, encarando o desapontamento quando as portas são batidas em nossa cara. Mas nada disso nos impulsionará à frente, a menos que mudemos nossa forma de pensar. Como podemos mudar o que pensamos quando isso está tão profundamente arraigado?

Vamos dar uma outra olhada no início de Romanos 12. O versículo 2 diz: "Não se amoldem ao padrão deste mundo, mas transformem-se pela renovação da sua mente, para que sejam capazes de experimentar e comprovar a boa, agradável e perfeita vontade de Deus."

Paulo deixa claro que a única maneira de sermos transformados é ter nossa mente renovada. Enquanto meditava neste versículo por algum tempo, eu questionei se, no cristianismo contemporâneo, nós não damos mais ênfase ao comportamento do que ao pensamento correto, naquilo que fazemos em vez de entender por que o fazemos e de nos comprometer de todo o coração com o processo.

Deixe-me explicar o que quero dizer. Uma das coisas que nosso filho notou no primeiro ano da faculdade foi que alguns dos outros alunos que ele conhecia do ensino médio ou da igreja mudavam o modo como se portavam quando estavam longe de casa. Agora, eu sei que em certa medida esse é o esperado quando nossos filhos estão fora de casa. Aquilo, entretanto, era mais do que uma simples abertura de asas. Eles viviam como pessoas completamente diferentes. Assim que estavam longe do olhar dos pais sobre seus modos, eles se comportavam como queriam. Se não há uma transformação interna, quando forças externas são removidas, nós fazemos o que nos dá vontade. Eu orei com muitos pais cristãos que estavam arrasados pelo modo como seus filhos em idade universitária haviam mudado. "Eles nunca agiram assim antes de sair de casa!"

A questão difícil permanece: Por que eles viviam de modo diferente em casa? Antes eles faziam boas escolhas para se encaixar, evitar disciplina, ou por que havia uma mudança de coração e mente? Você pode fazer todas as coisas certas, mas se não souber por que as faz, você as abandonará quando não forem mais esperadas. Não é só com nossos filhos. É muito fácil nós cairmos na mesma armadilha. Em nossa cultura, somos cada vez mais bombardeados com mensagens sobre o que vestir, em que pensar, em quem acreditar, qual é a última tendência. As palavras de Paulo à igreja em Roma falam claramente conosco hoje: Não copiem os comportamentos e os costumes deste mundo.[1]

Copiar comportamentos e costumes é a coisa mais natural do mundo, ou Paulo não teria começado falando isso. Todos nós queremos pertencer e nos encaixar. Quando entregamos a vida a Cristo, fica claro que alguns comportamentos e costumes não estão mais de acordo com a Palavra de Deus. Assim, podemos parar de fazer certas coisas, mas a menos que sejamos transformados, a menos que nossa mente seja renovada, pouca coisa de fato mudou internamente. Alguns de nós simplesmente substituem a lista do mundo por uma mais aceitável. Trocamos embriaguez por glutonaria ou palavrão por fofoca. Até entendermos que vivemos nesta terra mas pertencemos a outro reino, nós nos retocaremos um pouco e ficaremos tentando saber por que é

---

[1] Tradução livre da versão em inglês Holy Bible, New Living Translation. [N. do T.]

que ainda nos sentimos tão derrotados. Entregar a vida a Cristo não é como se associar a um clube. É um chamado a um novo modo radical de pensar e viver o tempo todo — não apenas nas manhãs de domingo e quando estamos na igreja.

A palavra que Paulo usa no original para ordenar essa *transformação* aparece no Evangelho de Mateus e no de Marcos relatando o mesmo episódio, no qual ocorreu uma transformação dramática:

> Seis dias depois, Jesus tomou consigo Pedro, Tiago e João, irmão de Tiago, e os levou, em particular, a um alto monte. Ali ele foi *transfigurado* diante deles. Sua face brilhou como o sol, e suas roupas se tornaram brancas como a luz.
>
> (Mateus 17:1,2, grifo da autora)

Essa palavra traduzida aqui para "transfigurado" é o termo grego *metamorphoo*. É dessa raiz que vem nossa palavra "metamorfose". Quando uma bela borboleta surge de um casulo, a mudança é total. Naquele dia, enquanto os discípulos assistiam, o rosto de Cristo brilhou como o sol, suas roupas ficaram brancas como a luz. Não consigo imaginar como deve ter sido ver isso, mas você sabia que um dia você e eu ficaremos assim? Cristo disse a seus discípulos que, quando ele finalmente derrotasse Satanás e estabelecesse um novo reino e uma nova terra, "então os justos brilharão como o sol no Reino de seu Pai" (Mateus 13:43).

Está chegando o dia em que nossa transformação será completa. Nós seremos mudados externa e internamente. Mas agora, enquanto seguidores de Cristo nesta terra, nós somos chamados a sermos transformados internamente, o que impactará nosso comportamento externo. Somente uma transformação interna mudará de fato o comportamento externo. Toda batalha começa em nossa mente, não em nosso comportamento. Podemos nos comportar de uma determinada maneira e permanecer inalterados. Se quisermos mudar a forma como agimos, temos de mudar a forma como pensamos.

Você pode ficar tentado a perguntar: "Por que você chamou este livro de *Tudo bem não estar bem* se agora está me dizendo que preciso mudar?" Boa pergunta! A resposta é simples. Não é uma questão de julgamento, é uma questão de liberdade. Cristo quer que você seja livre. Livre de pensamentos condenatórios, livre de comportamentos compulsivos, livre para ser quem você realmente é, livre para viver sua louca e linda vida.

Quando escreveu à igreja na Galácia, Paulo disse: "Cristo nos libertou para que nós sejamos realmente livres. Por isso, continuem firmes como pessoas livres e não se tornem escravos [da lei] novamente" (Gálatas 5:1, NTLH).

Paulo queria ter certeza de que os crentes na Galácia não voltassem a cair na condenação sob a lei. Alguém havia lhes dito que eles tinham de ser circuncidados para estarem acertados com Deus. Paulo relembra-lhes que há apenas um modo de estar acertado com Deus e é pela fé em Cristo e seu sacrifício na cruz, de uma vez por todas, por aqueles que nele confiam.

Você talvez tenha sido tocado por esse tipo de mensagem de maneira mais contemporânea. Algumas igrejas dão grande ênfase a um estilo particular de vestimenta ou música. Alguns crentes bebem vinho e outros não. Algumas igrejas convidam mulheres ao púlpito e outras não. Parte disso é costume e parte é uma compreensão particular de uma certa passagem da Escritura. Tudo bem. Mas se alguém disser que você não é salvo a menos que siga as regras dele, corra o mais rápido que puder, porque esse não é o evangelho de Jesus Cristo.

Então, como viver na liberdade pela qual Cristo pagou? Nós nos inclinamos para essa sabedoria de Romanos 12: Buscamos a renovação pela transformação da mente.

Você pode ficar tentado a perguntar: "O que há de errado com minha mente?" Você é inteligente, bem instruído e um *expert* de informática, com informações infindáveis ao alcance dos dedos — bastante diferente do público ao qual Paulo escreveu. O problema não é falta de informação; é uma falta de renovação. Nós vivemos em um mundo caído, o que significa que nossa mente também é caída. Fomos feitos para adorar, mas a menos que nossa mente tenha sido renovada, não adoramos a Deus, adoramos o que *nós* queremos. A questão permanece: Como renovar a mente? A palavra grega para "renovação" em Romanos 12:2 aparece somente uma outra vez no Novo Testamento, e me dá muita esperança o fato de esse processo não ser algo que você e eu possamos fazer sozinhos. Nós não conseguimos. Precisamos do Espírito Santo.

> Mas quando, da parte de Deus, nosso Salvador, se manifestaram a bondade e o amor pelos homens, não por causa de atos de justiça por nós praticados, mas devido à sua misericórdia, ele nos salvou pelo lavar regenerador e renovador do Espírito Santo. (Tito 3:4,5)

Renovar nossa mente é um belo trabalho conjunto entre nosso compromisso de nos tornarmos mais semelhantes a Cristo e o poder transformador do Espírito Santo operando em nós. O que quero dizer com isso? Qual é a nossa parte? Alguém me perguntou um dia qual é a coisa com a qual eu estou mais comprometida. Eu tive algumas respostas: Cristo, minha família, ajudar outras mulheres a encontrar liberdade, trabalhar para ajudar vítimas do tráfico sexual... e os meus cachorros. Ele disse, então: "Olhe em que você gasta a maior parte de seu tempo e isso lhe dirá o que importa para você." Eu pensei sobre isso por algum tempo. Algumas fases da vida exigem mais do que outras. Se você tem filhos pequenos, pouco do seu tempo é realmente seu. Mas se você é como eu, você encontra tempo para o que acha que precisa a fim de relaxar. Talvez você ame enterrar a cara em um bom livro com a porta do banheiro trancada! Ou, se você for leal a um determinado programa de televisão, vai arranjar tempo para isso. Eu tive de me perguntar: Será que o que eu estou fazendo com meu tempo livre me renova ou estou simplesmente me desligando? Agora, não me entenda mal: eu acho que às vezes nos desligar é exatamente aquilo de que precisamos, mas isso não trabalha para renovar nossa mente. É aí que as escolhas que fazemos determinam se estamos trabalhando com o Espírito Santo ou não. Assim como temos um Salvador que nos ama, temos um inimigo que nos odeia. Ele fará tudo que puder para distrair e condenar.

Quando comecei a perceber o quanto de minha vida ainda era influenciada por padrões destrutivos de pensamento, eu fiz algumas mudanças. Não foram saltos monumentais, foram passos simples, um dia de cada vez. Eu vi que tinha um problema interno (meus pensamentos) e um problema externo (as coisas que eu permito me impactarem). Fiz de meus problemas internos e externos um assunto de oração intencional. Encaremos: não importa o quanto tentemos mudar, é difícil. Assim:

1. Eu comecei, diariamente, a pedir ao Espírito Santo para mudar meu coração. Pedi-lhe que abrandasse meu coração e me ensinasse a verdadeira humildade.
2. Depois comecei a trabalhar com ele. Eu eliminei os programas que assistia e as revistas que lia que alimentavam um modo errado de pensar. Passei tempo com amigos que me traziam para mais perto de Cristo. Eu orei, orei, orei. Conversei com Deus sobre tudo. Li bons livros de homens e mulheres piedosos, e mais do que isso, fiz da Bíblia minha melhor amiga. Eu descobri que quando comecei a trabalhar com o Espírito Santo, em vez de pensar "eu tenho de fazer isso se quiser ser mais parecida com Jesus", eu me vi querendo fazer as coisas que me aproximavam dele e que traziam glória ao Pai. É aí que você começa a ver que sua mente está sendo renovada: quando as coisas que você acha que deve fazer se tornam as coisas que você ama fazer.

Então, onde você começa a dar o próximo passo?

Comece onde você está. Não pense "eu tenho de ler a Bíblia inteira nos próximos seis meses". Comece com oração. Peça ao Espírito Santo que suavize seu coração e abra seus olhos. Encontre uma tradução da Bíblia que você consiga entender. Algumas versões são melhores para a leitura devocional e outras são melhores para o estudo.

Fale com Deus, ele ama tanto você! Não pense que você precisa usar palavras bonitas. Ele é seu Paizinho, apenas fale.

Depois se dê um grande abraço. Nós não somos perfeitos, mas somos redimidos; então, pegue leve. A verdade é que eu sou meio esquisita e um pouco excêntrica, e demorei algum tempo para ver que (a) sim, eu sou assim... e (b) tudo bem!

UM PASSO DE CADA VEZ

Escolha deixar seu passado para trás

1. Preste atenção em como você gasta a maior parte do seu tempo. Depois de um dia cheio, quando você finalmente desaba em sua cadeira favorita, o que acontece? Você liga a TV e deixa que suas mensagens o inundem? Não me entenda mal, tenho meus programas favoritos assim como você, mas eu também observo meu tempo todos os dias para prestar atenção no que estou pensando. Você é uma obra em processo e merece investir tempo em quem está se tornando. Tire um tempo para ouvir as fitas que tocam em sua cabeça. Anote essas falas mesmo que sejam muito negativas. Não se trata de passar em um teste; trata-se de ser honesto consigo mesmo sobre onde você está e, então, dar um passo à frente.

2. Capture seus pensamentos. Esteja atento aos familiares pensamentos negativos que invadem sua mente e agarre-os o mais rápido que puder. Paulo escreve o seguinte para a igreja em Corinto: "Destruímos argumentos e toda pretensão que se levanta contra o conhecimento de Deus, e levamos cativo todo pensamento, para torná-lo obediente a Cristo" (2Coríntios 10:5).

Leve cada pensamento cativo. Agarre todas as coisas negativas nas quais já acreditou sobre si mesmo e as substitua pela verdade. Esse passo não será fácil. Vai dar trabalho. Você pode ter acreditado em mentiras sobre si mesmo durante anos, mas Cristo quer que você seja livre. Aqui estão algumas das verdades das quais relembro a mim mesma quando me pego em um padrão de pensamento negativo: *Eu sou filho de Deus. Eu sou amado. Eu tenho um futuro. Deus é por mim.*

Encontre as verdades que falam mais alto para você e comece a mudar seu modo de pensar.

Leão Covarde: Tudo bem, eu vou lá pela Dorothy. Com Bruxa Malvada ou sem Bruxa Malvada, com guardas ou sem guardas, eu os despedaçarei. Posso não sair vivo, mas eu vou entrar lá. Meus companheiros, só há uma coisa que quero que vocês façam.
Homem de Lata e Espantalho: O quê?
Leão Covarde: Me façam mudar de ideia!
(O MÁGICO DE OZ)

Pois Deus não nos deu espírito de covardia, mas de poder, de amor e de equilíbrio.
(2TIMÓTEO 1:7)

QUATRO

ENFRENTE OS "E SE" MESMO COM MEDO

Deus não nos deu um espírito de covardia, mas isso é algo com o qual muitos de nós lutamos todos os dias. Isso pode trabalhar por nós ou contra nós. Pode nos paralisar ou servir para nos alertar sobre um perigo iminente.

Eu observei como isso se dá com os animais na natureza. Uns anos atrás, eu passei algum tempo no Quênia, visitando e levando suprimentos para crianças apadrinhadas pela agência assistencial World Vision. Ao fim de nossa viagem, nossos anfitriões locais se ofereceram para nos levar em um safári de um dia inteiro no Maasai Mara, a maior reserva de caça do Quênia. Eu estava empolgada com a perspectiva de ver animais em seu ambiente natural. Nós saímos ao amanhecer, com binóculos, protetor solar e garrafas de água na mão. Nosso motorista nos contou que não poderia garantir quais animais veríamos, mas ele faria o melhor que pudesse. Dirigimos durante algum tempo por estradas irregulares em um jipe aberto e, então, quando viramos em uma curva, vimos zebras tão próximas que quase podíamos tocá-las. Impressionante. Listras pretas e brancas como se houvessem sido pintadas naquela manhã. Elas olharam para nós como se nós fôssemos os estranhos e fugiram. Depois, girafas. Tão elegantes com belas marcas e rosto gentil. Dirigimos por mais algumas horas sem ver nada e, então, de repente, nosso motorista parou o jipe e apontou ao longe. Eu peguei meus binóculos e olhei. Um grupo de hipopótamos muito grandes, com lama até o joelho, à beira do rio Mara. Imediatamente comecei, a todo volume, a cantar aquela famosa canção, dos meus tempos de infância, sobre hipopótamo:

Lama, lama, lama gloriosa,
Nada como lama para resfriar o sangue...

O motorista virou-se e respeitosamente me pediu que ficasse quieta, o que eu tentei não levar para o lado pessoal.

— Podemos nos aproximar um pouco? — perguntei.

— Não se você quiser acordar amanhã! — disse ele. — O hipopótamo é um dos animais mais perigosos da África.

Não precisa falar duas vezes!

O sol começava a se pôr e estava na hora de voltar para o Keekorok Lodge, onde nos hospedaríamos naquela noite. Quando subimos uma colina, eu avistei um impala. Ele se separara da manada de alguma forma e, em vez de correr com as longas e graciosas passadas que eu esperava, ele estava parado, perfeitamente imóvel, como se estivesse congelado. Perguntei ao nosso motorista por que o bicho não estava se movendo. Ele apontou ao longe, para uma clareira nas árvores. Lá estava um magnífico leão espreitando sua presa. Ele nos disse que impalas são muito mais rápidos que leões, mas eles podem literalmente gelar de medo. Eu queria gritar e dizer para o impala correr, mas o motorista me mandou ficar quieta... de novo!

O medo pode servir para nos proteger, mas também pode nos paralisar e nos impedir de ser quem fomos criados para ser. Isso é parte de minha história. A primeira vez que fui convidada a falar e ensinar, eu recusei. Era uma oportunidade fabulosa em uma conferência que Deus estava claramente usando para tocar a vida das mulheres, mas eu estava apavorada. Estava confortável como apresentadora de televisão ou cantora, mas o pensamento de ficar em pé com um microfone em frente a um grupo de mulheres era horripilante. Havia tantos pensamentos correndo em minha mente: E se eu não conseguir lembrar minha mensagem? E se eu gelar no palco? E se eu disser algo que não faz sentido? E se eu precisar usar o banheiro? E se eu for horrível?

Os anfitriões do evento persistiram. Eu disse não de novo na segunda vez, mas, na terceira vez, eles me pediram para orar sobre isso. Que golpe baixo! Eu apresentei os mesmos "e se..." para o Senhor. A sensação esmagadora era simples: *Apenas esteja presente. Você não precisa ser perfeita.*

Agora, antes que você pense que eu tenho alguma linha direta com o céu, pela qual eu ouço a voz audível de Deus, eu não tenho, mas depois de anos caminhando em um relacionamento com ele, lendo minha Bíblia e escutando os discretos incitamentos do Espírito Santo, eu conheço sua voz em meu espírito. Então, eu disse sim ao convite.

Adoraria dizer que, assim que disse sim, eu fui inundada por uma sensação de paz. Não fui. Eu ainda estava apavorada, mas eu fui lá. Também adoraria dizer que, assim que andei por aquela plataforma e olhei para a multidão de 8 mil mulheres, eu me tornei a maior pregadora desde Charles Spurgeon. Mais uma vez, não foi assim. No meio de minha mensagem, vi que minha imagem estava sendo exibida em telas gigantescas ao redor da arena e comecei a rir. Então, vi que meu cabelo estava arrepiado na parte de trás, aí tentei arrumá-lo. Todos nós demos umas boas gargalhadas naquele dia, mas não estou certa de que alguém se lembre de minha mensagem. Agora, 25 anos depois dessa primeira ministração, tenho um novo entendimento sobre o que você e eu somos chamados a fazer. Nós somos chamados a aparecer! O importante nunca é estarmos nos saindo perfeitamente bem, mas quando estamos presentes Deus pode fazer o que só ele pode fazer.

Você possivelmente pense que isso não se aplica a você, talvez porque não seja um orador, mas isso afeta todas as áreas da vida. Após a morte de meu pai, minha mãe ficou sozinha para cuidar dos três filhos. Nós tínhamos sete, cinco e dois anos. Ela tinha pouquíssima renda, mas uma fé sólida de que Deus prometera ser marido para a viúva e pai para os órfãos. Depois da morte de meu pai, ela pediu a Deus duas coisas: que todos nós viéssemos à fé em Cristo na tenra idade e que ela pudesse viver para ver-nos todos crescidos e estabelecidos em nossa carreira e nosso chamado.

Deus honrou essas orações. Todos os três se comprometeram com Cristo antes dos dez anos de idade. Indo para oração número 2. Minha irmã foi a primeira a se formar na faculdade e se tornou professora de escola primária. Eu fui a próxima e, após me formar no seminário, comecei a trabalhar com o movimento Youth for Christ [Juventude para Cristo]. Por fim, depois de sete anos de estudo, meu irmão graduou-se em arquitetura.

Eu voei até a Escócia para passar um tempo com mamãe depois da formatura de Stephen. Uma manhã, sentando-me próximo ao fogo, com xícaras de chá nas mãos, perguntei: "E agora, mamãe?" Ela me perguntou o que eu queria dizer. Disse-lhe que Deus havia respondido aquelas duas orações que ela fizera quando éramos pequenos; assim, pelo que queria orar agora? Ela deu um de seus sorrisos tortos de sempre e disse que não fazia ideia.

Minha mãe não teve uma vida fácil. Ela teve de deixar a escola aos quinze anos para ajudar sua mãe a cuidar de seu pai que tinha Alzheimer. Ela só tinha 33 anos quando meu pai morreu e nunca se casou de novo. Eu sabia que havia sonhos abandonados por ela quando a vida lhe pediu que assumisse papéis que jamais havia imaginado para si mesma. Então, perguntei-lhe sobre isso.

— O que você gostaria de fazer se as circunstâncias tivessem sido diferentes?

— Eu gostaria de ser professora — disse ela. — Ou conduzir um estudo bíblico.

Eu lhe disse que não era tarde demais.

— Mãe, se seu sangue ainda estiver pulsando e não houver uma marca de giz branco em volta do seu corpo não é tarde demais. Você pode começar um estudo bíblico em sua casa.

Ela olhou para mim com ceticismo, um olhar ao qual carinhosamente me acostumei na vida.

— Por que não? — perguntei.

Então, compreensivelmente, os "e se..." começaram.

E se ninguém vier?

E se fizerem pergunta que eu não souber responder?

E se eu der uma resposta errada?

Acho que nenhum de meus vizinhos é cristão; e se eles ficarem ofendidos?

E se eles esperarem que eu ore em voz alta?

Assegurei-lhe que eu ficaria até ela ter a primeira pessoa, e se ela não tivesse resposta para alguma pergunta, poderia simplesmente dizer: "Sinto muito, eu não sei; mas nós podemos descobrir isso juntos." Finalmente, ela concordou em dar o primeiro passo. Montamos um convite simples e o colocamos na caixa do correio de todos os vizinhos. (Na verdade, antes de minha irmã ler isso e me lembrar de que não temos "caixas de correio" na Escócia, eu deixei na "caixa de cartas". Minha família é forte na precisão dos termos.)

A noite chegou e mamãe estava muito nervosa. Nós colocamos algumas cadeiras extras na sala, não tendo certeza de quantas, se é que alguém viria. Cinco mulheres vieram. Mamãe perguntou se eu daria início com a oração.

— Deus, obrigada por esta noite. Obrigada por estas senhoras que vieram. Nós queremos aprender mais sobre ti. Amém.

Foi uma noite incrível. Mamãe e eu tínhamos ido à livraria cristã local e comprado várias cópias de um estudo simples sobre o Evangelho de João. Começamos com a lição 1, mas não fomos muito longe.

— Quem é "a Palavra"?

— O que quer dizer "ele estava com Deus no princípio"? Ele era irmão de Deus?

— "A luz brilha nas trevas"... está falando da lua?

Foi tão bom me sentar com um pequeno grupo de mulheres honestas que entendiam tão pouco sobre Deus, a Bíblia ou a fé e não tinham medo de fazer perguntas. (Menos de 2% da população na Escócia frequenta a igreja.) Mamãe fez um ótimo trabalho. Com seu jeito calmo e gentil, ela respondeu tantas perguntas quanto o tempo nos permitiu. Eu fiquei quieta, orando por ela em todo o tempo. No final, eu lhes servi chá e o tradicional *scone* e ouvi enquanto falavam sobre a vida, o clima e seus desconfortos e dores. Naquela noite, a sala de minha mãe tornou-se um lugar sagrado. Nada era perfeito, mas nós estávamos todos presentes e Deus estava conosco. Várias semanas depois, chorei com mamãe, ao telefone, enquanto ela me contava que uma de suas vizinhas havia entregado a vida a Cristo após a mensagem do Evangelho de João se tornar real para ela.

Eu me pergunto quais serão os "e se..." em sua vida. O medo e as perguntas que o alimentam nos impedem de andar em fé e viver a vida pela qual ansiamos. Acho que temos medo de errar, sermos mal interpretados ou rejeitados e falhar. A realidade é que todas essas coisas são possíveis, mas elas não precisam nos impedir. Quando eu era jovem, uma amiga me trouxe um colar de sua viagem a Israel. O pingente era uma bolinha de vidro com uma pequena semente de mostarda dentro. Este versículo da Escritura estava dentro da caixa:

> Ele respondeu: "Porque a fé que vocês têm é pequena. Eu lhes asseguro que se vocês tiverem fé do tamanho de um grão de mostarda, poderão dizer a este monte: 'Vá daqui para lá', e ele irá. Nada lhes será impossível'". (Mateus 17:20)

Passei os vinte anos seguintes me concentrando no quão difícil seria mover um monte e esqueci-me completamente do tamanho da semente. A semente era minúscula, uma das menores sementes que existe. As pessoas que ouviam Jesus aquele dia imaginavam os montes como pilares que sustentavam o céu. Em seu comentário sobre o Evangelho de Mateus, R. V. G. Tasker escreve o seguinte:

> Mover um monte era uma expressão proverbial para superar uma grande dificuldade. O significado deste versículo é que a fé forte pode realizar o aparentemente impossível, pois o homem de fé está recorrendo aos recursos divinos.[1]

É Deus quem move o monte, só precisamos da minúscula semente de fé. Se mesmo isso parecer subjugador, eis o que escreve o teólogo R. T. France: "É importante observar aqui que não é a 'quantidade' de fé que traz o impossível ao nosso alcance, mas é o poder de Deus, que está disponível até mesmo à 'menor' fé."[2]

Eu amo isso. Deus nos pega como somos e estamos, e, quando damos um passo e lhe oferecemos o menor sinal de fé, ele age em nosso favor. Mas se ficarmos sentados esperando que o medo desapareça, provavelmente ficaremos sentados por um bom tempo.

---

[1] TASKER, R.V.G. *O Evangelho segundo Mateus: introdução e comentário*. São Paulo: Vida Nova, 2006.
[2] FRANCE, R.T. apud MACDONALD, William. *Comentário bíblico popular: Novo Testamento*. São Paulo: Mundo Cristão, 2011.

FAÇA COM MEDO

Eu tive o privilégio, há alguns anos, de entrevistar Elisabeth Elliot, viúva de Jim Elliot. Se você não está familiarizado com a história deles, aqui vai um breve contexto: Jim e quatro de seus amigos missionários tinham uma paixão por testemunhar o evangelho de Cristo a um grupo não alcançado de pessoas, os índios auca, do Equador. Eles sabiam que os aucas eram uma tribo perigosa, com reputação de matança em massa, e acreditavam que a única maneira de parar isso era se eles viessem à fé em Cristo. Usando o avião que tinham da Mission Aviation Fellowship, eles gastaram algum tempo baixando suprimentos para a tribo durante vários sobrevoos, e sentiram que estava, finalmente, na hora de se encontrarem cara a cara. Em uma manhã de 1956, cada um dos cinco homens do grupo foi baixado até a praia. Eles esperaram para ver o que aconteceria, mas nada poderia tê-los preparado para o que viram a seguir. Um grupo de guerreiros aucas emergiu das árvores com as lanças erguidas, prontas para serem atiradas. Jim tinha uma arma no bolso, mas mesmo enquanto estendia a mão para pegá-la, ele sabia que não poderia usá-la. Aqueles cinco homens haviam prometido que nunca matariam um auca, que não conhecia a Cristo, só para salvar a própria pele. Os cinco morreram naquele dia.

Uma das convicções que guiava a vida de Jim não poderia ser mais belamente poderosa do que a foi naquela manhã escura: "Não é tolo aquele que dá o que não pode reter, para guardar o que não pode perder."[3]

Quando Jim foi morto, Elisabeth foi deixada para criar sozinha, em um país estrangeiro, a filhinha deles, de dez meses, Valerie. Consegue imaginar o que deve ter se passado na mente dela?

E se os homens não tivessem ido lá naquele dia?

E se eles tivessem gasto mais tempo mandando presentes e mensagens?

---

[3] ELLIOT, Jim. apud ELLIOT, Elisabeth. *Através dos portais do esplendor.* São Paulo: Vida Nova, 2013.

E se ele houvesse esperado até a pequena Valerie ficar mais velha?

Quando tento me colocar no lugar dela, imagino que meu primeiro pensamento seria dar um jeito de colocar minha filha e eu no primeiro avião que saísse de lá. Não foi isso que Elisabeth fez. Ela cria que Deus os havia enviado para lá como família e que o trabalho não havia terminado. Ela me disse, no entanto, que sua vida era completamente controlada pelo medo. Toda vez que queria dar um passo de fé, o medo a impedia. Os "e se..." eram esmagadores. Então, uma amiga disse-lhe algo que mudou sua vida. A amiga disse: "Por que você não faz com medo?"

Junto com Rachel Saint, irmã de Nate Saint (um dos missionários assassinados), elas terminaram o trabalho pelo qual seus amados morreram: alcançaram as tribos indígenas do Equador, incluindo os próprios assassinos de seus queridos. Quando Valerie estava com apenas três anos de idade, Elisabeth se mudou com ela para morarem com a tribo por dois anos e viram muitos vindo à fé em Cristo. Auca era um nome depreciativo dado a eles por outras tribos. Significa "selvagens nus". O nome real daquela tribo é waodani, que significa "povo verdadeiro". Cada um dos guerreiros que matou os missionários veio à fé em Cristo e se tornou seu verdadeiro povo.

Essa claramente é uma história muito extrema. Poucos de nós serão chamados a fazer esse tipo de sacrifício. Mas Elisabeth, que morreu há uns anos, ajudou-nos a dar um passo em nosso caminho.

Faça com medo.

Os "e se..." que tantas vezes nos detêm geralmente têm raízes em um sistema defeituoso de crenças. Acreditamos que, se vamos dar um passo, temos de ter certeza de que o que estamos tentando será bem-sucedido. Não acho que isso seja o que se pede de nós. Acredito que pede-se de nós que demos um passo de fé e deixemos os resultados com Deus. Talvez você tenha dado um passo no passado, convencido de que Deus o chamara e o capacitara, e as coisas não saíram como você esperava. Isso pode ser devastador. Você talvez tivesse um relacionamento rompido com um membro da família e, depois de orar sobre a situação, soube que era hora de dar o primeiro passo, mas a coisa saiu muito errado. Isso o deixa confuso. Ou você teve certeza de que Deus lhe dissera que era tempo de pedir um aumento no trabalho, sabendo que já estava mais do que na hora. Confiante, você foi ao seu chefe e apresentou seu caso. Você fez isso de maneira respeitosa e convincente, mas não foi recebido assim. Em vez de avançar, parece que você deu dois passos para trás. Esses tipos de experiências podem nos fechar por dentro. Podem nos deixar com raiva de nós mesmos, com raiva de quem não respondeu bem ou até com raiva de Deus.

QUANDO VOCÊ DÁ UM PASSO E DEUS NÃO DÁ O SEGUINTE

O profeta Elias sabe como você se sente. Você pode perguntar: "O que um profeta que viveu milhares de anos atrás, em um mundo e uma cultura diferentes, tem a dizer para me ajudar agora?" Deixe-me dizer: muito! Conheço o esqueleto dessa história desde criança, mas quando colocamos carne nesses ossos, há muito para aprendermos. Um pouco de informação sobre o que estava acontecendo em Israel na época nos dará um contexto. Acabe e Jezabel eram rei e rainha de Israel. Em vez de serem fiéis a Deus, eles introduziram a adoração a Baal, um culto ao sexo, riqueza e poder. O autor de 1Reis escreve sobre Acabe: "Ele provocou a ira do SENHOR, o Deus de Israel, mais do que todos os reis de Israel antes dele" (16:33).

Deus falou ao profeta Elias e disse-lhe que estava na hora de enfrentar aquela idolatria descarada. Agora chegamos à parte da história com a qual você deve estar familiarizado: a luta nocauteadora no topo do monte Carmelo. Elias convidou todos os profetas de Baal, cerca de 450, para se juntarem a ele e ao rei Acabe no topo do monte, para determinar de uma vez por todas quem é o verdadeiro Deus. Ele estabeleceu as regras básicas. Cada lado tomaria um novilho, o imolaria, cortaria em pedaços e colocaria sobre um altar. Depois, sem botar fogo, eles invocariam aquele a quem serviam, pedindo que consumisse o sacrifício. Elias convidou os 450 profetas de Baal a irem primeiro. Durante horas eles clamaram a Baal, cortando-se com facas e espadas, o que fazia parte de suas práticas bárbaras habituais, mas nada aconteceu. Elias começou a rir deles, sugerindo que talvez precisassem gritar mais alto, para o caso de Baal estar tirando uma soneca. Então, foi a vez de Elias.

> Então, Elias disse a todo o povo: "Aproximem-se de mim".
> O povo aproximou-se, e Elias reparou o altar do SENHOR, que estava em ruínas. Depois apanhou doze pedras, uma para cada tribo dos descendentes de Jacó, a quem a palavra do SENHOR tinha sido dirigida, dizendo-lhe: "Seu nome será Israel". Com as pedras construiu um altar em honra ao nome do SENHOR e cavou ao redor do altar uma valeta na qual poderiam ser semeadas duas medidas de sementes. Depois arrumou a lenha, cortou o novilho em pedaços e o pôs sobre a lenha. Então lhes disse: "Encham de água quatro jarras grandes e derramem-na sobre o holocausto e sobre a lenha".
> "Façam-no novamente", disse, e eles o fizeram de novo.
> "Façam-no pela terceira vez", ordenou, e eles o fizeram pela terceira vez. A água escorria do altar, chegando a encher a valeta.
> À hora do sacrifício, o profeta Elias colocou-se à frente do altar e orou: "Ó SENHOR, Deus de Abraão, de Isaque e de Israel, que hoje fique conhecido que tu és Deus em Israel e que sou o teu servo e que fiz todas estas coisas por ordem tua. Responde-me, ó SENHOR, responde-me, para que este povo saiba que tu, ó SENHOR, és Deus, e que fazes o coração deles voltar para ti".

> Então o fogo do Senhor caiu e queimou completamente o holocausto, a lenha, as pedras e o chão, e também secou totalmente a água na valeta.
> Quando o povo viu isso, todos caíram prostrados e gritaram: "O Senhor é Deus! O Senhor é Deus!" (1Reis 18: 30-39)

Dá para imaginar como deve ter sido isso? Elias depositou sua confiança em Deus e Deus apareceu de um modo que deve ter surpreendido o próprio profeta. O profeta lhes pedira que molhassem a lenha para ficar mais difícil de ser queimada, mas Deus queimou não só o novilho e a lenha, ele consumiu as próprias pedras, a água, o chão. Não é de admirar que as pessoas tenham caído prostradas.

Elias ordenou que todos os profetas de Baal fossem executados. Da perspectiva de Elias, o mal na terra havia agora sido purgado. Ele estava confiante de que Acabe e Jezabel se arrependeriam e todo o Israel voltaria a adorar o único Deus verdadeiro. Assim, com a força especial vinda de Deus, Elias correu o percurso todo até Jezreel, onde ficava o palácio de Acabe e Jezabel. A única razão para ele ter ido lá era que tinha certeza do resultado. Enquanto esperava ser chamado ao palácio para lhe agradecerem por ajudar a nação a se voltar ao único Deus verdadeiro, ele recebe uma mensagem do palácio — mas não a que esperava. "Por isso Jezabel mandou um mensageiro a Elias para dizer-lhe: 'Que os deuses me castiguem com todo o rigor, se amanhã nesta hora eu não fizer com a sua vida o que você fez com a deles'" (1Reis 19:2).

Elias não pôde acreditar no que estava ouvindo. Ele fez tudo o que Deus lhe dissera para fazer. Arriscou a própria vida no combate entre 1 homem contra 450, e agora a rainha havia feito um voto sagrado, pela vida dela, de que até aquela mesma hora do dia seguinte Elias estaria morto. Assim, ele foge. Tenho certeza de que estava esgotado pelo combate, mas mais do que isso, ele não entendeu o que estava acontecendo. Por que o rei e a rainha não se arrependeram com aquela demonstração de poder tão clara? Para que tudo aquilo se ninguém mudou? Ele foi até Berseba, cerca de 150 quilômetros, com seu servo e depois o liberou. É como se estivesse dizendo: "Para mim chega. Você me servia enquanto eu era profeta, mas eu desisto."

Ele viajou sozinho no deserto e naquela noite teve um colapso de exaustão debaixo de uma árvore. Antes de adormecer, orou: "Já tive o bastante, SENHOR. Tira a minha vida; não sou melhor do que os meus antepassados" (1Reis 19:4).

Ele estava exausto, confuso e deprimido. Ele encarou seus "e se..." e o resultado final não fazia sentido.

E se eu ouvi Deus errado e ele não consumir o sacrifício?

E se os profetas de Baal me matarem no monte?

E se eles tiverem algum truque e conseguirem incendiar o sacrifício deles?

Ele encarou todos eles e deu um passo; Deus apareceu em poder e, até onde ele podia ver, nada havia mudado. Os falsos profetas estavam mortos, porém outros se levantariam para tomar o lugar daqueles. Elias estava acabado.

Se você alguma vez já se sentiu desanimado desse jeito, sabe que é uma posição devastadora; simplesmente não faz sentido. Talvez você tenha feito parte do grupo que começou a implantação de uma igreja, para a qual você sabia que Deus havia lhe chamado. Você deixou uma casa e uma área que amava por obediência simples e, depois de um ótimo começo, de repente tudo saiu muito errado. Ou você convidou para um culto de Páscoa um amigo, um colega de trabalho ou um vizinho por quem vinha orando. O culto foi incrível, Deus estava claramente naquele lugar, as pessoas entregaram a vida a Cristo no final, mas a pessoa que você levou estava mais desligada do que nunca. Talvez seu filho, que havia se desinteressado pela fé, tenha lhe pedido uma Bíblia. Isso era resposta de oração. Porém, depois de algumas semanas, ele a devolve dizendo que não faz sentido. Seus piores medos se concretizam: ele não tem fome espiritual de Deus. Tantas vezes na vida nós, depois de encontrarmos coragem para enfrentar nossos medos e passar por cima dos "e se...", vemos as coisas não saírem como achávamos que deveriam.

Eu prometi que haveria coisas na história de Elias que nos ajudariam, mas a ajuda não é, na verdade, da vida de Elias; a ajuda é toda de Deus. Trata-se do que Deus faz quando chegamos ao fim de nós mesmos. A próxima parte da história é uma imagem da graça. "De repente um anjo tocou nele e disse: 'Levante-se e coma.' Elias olhou ao redor e ali, junto à sua cabeça, havia um pão assado sobre brasas quentes e um jarro de água. Ele comeu, bebeu e deitou-se de novo" (1Reis 19.5,6).

Um anjo o tocou. Eu acho isso muito comovente. Há algo tão curador no simples toque. Não só isso, ele disse a Elias para comer e beber. Ele não lhe deu um sermão nem lhe perguntou por que fugira. Ele não falou do desejo que Elias tinha de morrer; apenas cozinhou para o profeta. A palavra aqui para "anjo" também significa "mensageiro". É possível que Elias tenha pensado que fosse um estranho que passou por ele e teve pena. Não há a saudação "não temas". E, assim, depois de comer e beber, Elias adormeceu novamente.

"O anjo do SENHOR voltou, tocou nele e disse: 'Levante-se e coma, pois a sua viagem será muito longa'" (vv. 7). Desta vez, o escritor identifica o anjo como "o anjo do SENHOR". Warren Wiersbe nos ajuda a entender mais sobre quem era esse: "No versículo 7, o visitante é chamado de o anjo do Senhor, um título do Antigo Testamento para a segunda pessoa da Divindade, Jesus Cristo, o Filho de Deus."[4]

Vários lugares no Antigo Testamento (ver Gênesis 16:7; Êxodo 3:1-4; Juízes 2:1-4) registram aparições do anjo do Senhor. De fato, em Êxodo 3:4, o anjo é chamado de "Deus" e "o SENHOR". Esse tipo de aparição é chamado de *teofania*, que significa "aparição de Deus".

---

[4] WIERSBE, Warren. *The Wiersbe Bible Commentary: Old Testament*. Colorado Springs: David C. Cook, 2007. p. 661.

ENFRENTE OS "E SE..." MESMO COM MEDO

Quão misericordioso é o próprio Cristo tocar naquele homem esgotado sem palavra alguma de julgamento, apenas amorosamente cuidando das necessidades de seu corpo. Elias tinha uma boa estrada pela frente. Ele estava indo para o monte Sinai, um dos lugares mais sagrados na história judaica, mas ficava a cerca de trezentos quilômetros de distância. Elias demora quarenta dias e noites. Ele deveria levar apenas cerca de duas semanas. Eu me pergunto: Por que, sendo que ele estava correndo daquela mulher louca para salvar a própria vida, ele demorou tanto? Talvez o pensamento dele estivesse em Moisés e nos filhos de Israel, que vaguearam quarenta anos no deserto. Em anos vindouros, Cristo passaria quarenta dias e noites no deserto também.

Por que Elias se dirigiu ao monte Sinai ao sentir que sua vida terminara? Ele foi ao mesmo lugar onde Deus encontrara Moisés. Ele foi para o monte santo. Ele precisava que Deus o encontrasse ali. Quando penso nessa intencionalidade, lembro-me da resposta que Pedro deu quando Jesus perguntou aos discípulos se eles também o abandonariam: "Simão Pedro lhe respondeu: 'Senhor, para quem iremos?'" (João 6:68).

Você se identifica com isso? Eu sim. Mesmo em meu ponto mais baixo, no abismo mais profundo da depressão, quando eu também orava para que Deus tirasse minha vida, o único lugar a que eu sabia poder ir para ter ajuda era ele. Elias subiu a montanha e entrou em uma caverna. Algumas traduções em inglês trazem o equivalente a "fenda", em lugar de "caverna". Talvez esta fosse a fenda da rocha onde Moisés esperou até que Deus passasse (Êxodo 33:21, 22). Exausto de sua jornada, Elias passou a noite na caverna. Mas, então, Deus lhe faz uma pergunta: "O que você está fazendo aqui, Elias?" (1Reis 19:9).

Deus sabia exatamente por que Elias estava ali, assim como sabia onde Adão e Eva estavam quando perguntou ao homem: "Onde está você?" (Gênesis 3:9). As perguntas de Deus nunca são para ele se informar; ele sabe todas as coisas. As perguntas são para revelar a *nós* o que se passa dentro de nós. "Ele respondeu: 'Tenho sido muito zeloso pelo Senhor, o Deus dos Exércitos. Os israelitas rejeitaram a tua aliança, quebraram os teus altares, e mataram os teus profetas à espada. Sou o único que sobrou, e agora também estão procurando matar-me'" (1Reis 19:10).

Depois que Elias despejou tudo que não fazia sentido para ele e deu a Deus a figura completa de sua perspectiva, Deus o chama para a entrada da caverna. "Então veio um vento fortíssimo que separou os montes e esmigalhou as rochas diante do Senhor, mas o Senhor não estava no vento. Depois do vento houve um terremoto, mas o Senhor não estava no terremoto. Depois do terremoto houve um fogo, mas o Senhor não estava nele. E depois do fogo houve o murmúrio de uma brisa suave" (vv. 11,12).

Mais uma vez, após esta demonstração de tremer a terra, Deus pergunta: "O que você está fazendo aqui?" Elias dá a mesma resposta de antes:

Eu te servi com fé!
Eu sou o único que fez certo.
Eu sou o único que sobrou.
Não há ninguém que permaneceu fiel além de mim!
Agora eles estão tentando me matar!

Então, o Senhor deixa Elias a par do plano maior, aquele que sempre esteve em vigor. Ele lhe diz para voltar por onde veio e ungir Hazael como rei da Síria. Depois diz a Elias para ungir Jeú como rei de Israel e ungir Eliseu para substituí-lo como profeta de Deus. Ele diz a Elias que aqueles três homens cuidariam de todos que se afastaram da adoração a Deus, mas que reservara 7 mil que não haviam dobrado os joelhos a Baal. Deus mostrou-lhe que Elias não era o único que sobrou; havia uma grande multidão de pessoas fiéis servindo a Deus ainda, a despeito de qual fosse o sentimento do profeta.

Você já se sentiu tentado a desprezar todos os outros porque eles não parecem tão fiéis quanto você? Você alguma vez questionou outra denominação porque ali não fazem as coisas do jeito que você faz? Você já ficou tão desanimado com o estado do cristianismo que esteve a ponto de jogar a toalha? Deus está se movendo mesmo quando não conseguimos vê-lo. Deus está no controle mesmo quando as coisas parecem fora de controle. Quando o vento, o terremoto e o fogo atingiram o monte, Elias foi protegido pela rocha. A rocha sofreu o impacto assim como Cristo, a Rocha, sofreu toda a força da ira de Deus sobre si na cruz, para que você e eu pudéssemos nos inclinar para ouvir o suave sussurro de Deus quando não entendemos o que está acontecendo ao redor e dentro de nós.

Os "e se..." sempre estarão lá. Nós somos humanos, e mesmo quando os superamos e damos um passo de fé, as coisas nem sempre funcionam de uma forma que faça sentido para nós.

Você não precisa ser perfeito, apenas estar presente.

Você pode despejar seus "e se..." diante do Senhor.

Quando você der esse passo e as coisas parecerem dar errado, Deus está trabalhando, Deus é fiel e Deus é um Deus de graça.

Quais são os "e se..." segurando você? Você está disposto a dar um passo e ver o que Deus pode fazer? Apenas saiba disto: Quando você chegar ao fim de si mesmo e não entender, tire um cochilo, faça uma boa refeição e incline-se para ouvir o suave sussurro de Deus. Para cada "e se..." que cruza sua mente — e, acredite em mim, eles ainda cruzam a minha — permita que a verdade da Palavra de Deus fale mais alto do que o clamor do medo.

> Eu te louvo porque me fizeste
> de modo especial e admirável.
> Tuas obras são maravilhosas!
> Digo isso com convicção. (Salmos 139:14)

Pois nada é impossível para Deus. (Lucas 1:37)

Jesus olhou para eles e respondeu: "Para o homem é impossível, mas para Deus todas as coisas ão possíveis". (Mateus 19:26)

UM PASSO DE CADA VEZ

Não desista: cada passo conta

1. Lembre a si mesmo de que essa não é uma solução rápida. Encarar os "e se…" será um desafio, mesmo quando você começar a progredir, porque é muito fácil e tentador desistir. Estamos em uma jornada, não em uma viagem de um dia.

2. Não deixe o medo assumir o controle. Anote tudo do que você tem medo. O medo é um enorme obstáculo que pode nos paralisar. Lembre a si mesmo desta promessa toda vez que o medo começar a se apossar de seu coração: "Pois Deus não nos deu espírito de covardia, mas de poder, de amor e de equilíbrio" (2Timóteo 1:7).
Esta é considerada a última carta escrita por Paulo. Ele estava na prisão e aguardando execução. Muitos crentes o haviam abandonado, porque, a essa altura, sob o governo do imperador Nero, era crime ser cristão. Metade de Roma havia sido queimada por completo. Para muitos, os "e se…" haviam acontecido. Aqui Paulo nos mostra que mesmo na noite mais escura não precisamos ter medo, porque Deus está no controle.

3. E se você desistiu? Diga a Deus que você desistiu, estava difícil demais, você desistiu. Depois, peça-lhe que o ajude a começar de novo. Faça uma lista de tudo o que você tem medo e leia para ele. Mude o lugar que o medo tem em sua vida.

M… me lançar a seus pés.
E… empenhar-me a buscá-lo de coração.
D… dirigir a ele minha oração pedindo paz.
O… obter descanso em sua presença.

Aprendi a beijar as ondas que me jogam
contra a Rocha eterna.
(Charles Haddon Spurgeon)

Sabemos que Deus age em todas as coisas para o bem daqueles que o amam, dos que foram chamados de acordo com o seu propósito.
(Romanos 8:28)

CINCO

ABRA MÃO DO QUE VOCÊ NÃO PODE CONTROLAR

Eu não fazia ideia do quanto seria confrontada com a questão do controle até me tornar mãe. Nosso filho não andou até os quatorze meses. A essa altura, amigos e familiares expressaram preocupação por ele estar aquém dos indicadores do que era apropriado a seu tamanho e idade. Eu lhes dizia que estava convencida de que meu filho, que rastejava na velocidade de um Lexus, não ligava para marcadores e que ele andaria quando estivesse bem pronto. E foi mesmo!

Eu estava falando em um evento, em uma grande arena, e Barry levou Christian à beirada do palco para engatinhar até mim. Ele vinha fazendo isso há semanas. Era o seu truque das festas. Naquela noite, entretanto, ele parou por um momento, olhou para a multidão, para mim, e então se levantou e andou. Lembro-me de pensar: *Espero que ele não demande uma plateia para todos os marcos importantes da vida. Pode ser desafiador.* Mas Christian simplesmente gostava de fazer as coisas no próprio ritmo. Foi a mesma coisa com o penico. Eu lhe apresentei o conceito de largar as fraldas para usar cuecas de menino grande com o entusiasmo normalmente reservado às viagens à Disney. De acordo com todos os livros de educação infantil, ele estava na idade ideal. Mas ele não ficou impressionado. Disse: "Não, obrigado." Então, um dia, levei Christian e um amiguinho, uns meses mais velho, para almoçar no McDonald's. Depois de comerem o McLanche Feliz e correrem no *playground* por um tempo, o colega anunciou que precisava usar o banheiro. Naquele dia, Christian fez a importante descoberta de que seu amigo estava usando cueca de menino grande do Toy Story. Foi um momento eureca. Na volta para casa, anunciou: "Mamãe, não quero mais fraldas." Ele nunca mais voltou a usá-las.

Uma das maiores lições que a paternidade deixa claro é que não estamos no controle. Com os filhos, não estamos no controle sobre o momento em que decidem nascer, como se alimentam, o que vão querer comer ou cuspir. Não estamos no controle de como eles dormem, ou se dormem. Christian não foi um fã de sono pelos primeiros nove meses, nem à noite nem nas sonecas. Eu achei que fosse perder o pouco de juízo que ainda me restara. Nós absorvemos todos os conselhos de amigos que juravam haver encontrado a coisa que faria o bebê mais relutante dormir feito anjo. Tentamos todas elas. Colocamos seu assento de carro na secadora de roupas. Passamos aspirador de pó em seu quarto até alisar o carpete. Nós ficamos com ele ao lado da banheira, deixando que a água corresse até ficarmos preocupados de sermos os responsáveis pela repentina crise hídrica em nossa região. Barry colocou a cadeirinha no carro e rodou até o pequeno adormecer, mas no momento em que o trouxe para dentro, foi retomado o grito de angústia do guerreiro da meia-noite. Uma noite, Barry, vendo o quanto eu estava exausta, disse-me que ele ficaria de plantão a noite toda para eu poder, finalmente, ter uma noite inteira de sono. Por volta das 2h da manhã, ouvi Christian começar a chorar, mas Barry levantou-se de imediato. Puxei as cobertas sobre a cabeça e tentei voltar a dormir, mas não consegui. Pareceu estranhamente quieto no outro quarto, então eu saí da cama para ver como estavam. Que belo espetáculo. Barry estava dormindo no sofá com Christian nos braços. Em um exame mais detalhado, via-se que Barry estava segurando a mamadeira no ouvido de Christian. Valor nutricional mínimo. Mas funcionou!

A palavra *controle* não é, em si mesma, positiva ou negativa. Seu peso e significado repousam naquilo a que se ligam. Em muitas situações, o controle é muito importante. Quando você está andando com uma criança em uma multidão agitada é preciso que você esteja no controle. Se você luta contra comida, álcool ou qualquer vício, o controle é seu amigo. As Escrituras nos encorajam a ter autocontrole.

> Como a cidade
> com seus muros derrubados,
> assim é quem não sabe dominar-se. (Provérbios 25:28)

> Mas o fruto do Espírito é amor, alegria, paz, paciência, amabilidade, bondade, fidelidade, mansidão e domínio próprio [ou autocontrole]. Contra essas coisas não há lei. (Gálatas 5:22,23)

Existem, no entanto, muitas situações em que a palavra *controle* tem peso negativo. Quando chamamos alguém de "maníaco por controle", claramente não é um elogio. Os cônjuges costumam reclamar de um marido ou uma esposa controladores. No local de trabalho ninguém quer um chefe ou um colega controlador. As pessoas, algumas vezes, deixam sua igreja de origem porque a liderança é muito controladora.

Refletindo sobre minha própria vida, sei que experienciar um evento negativo na infância pode aumentar a necessidade de controle em uma fase posterior na vida. Se você sofreu abuso sexual, físico, verbal, espiritual ou emocional quando criança, a sensação de estar fora de controle é destruidora. Muitos homens e mulheres lutam posteriormente com distúrbios alimentares tentando lidar com um abuso da infância, como se dissessem: "Esta é uma área que eu controlo." Nessas situações, se você cavar um pouco mais, sob essa necessidade de controlar encontra-se um dos maiores inimigos da alma: a vergonha. A vida é assustadora para quem vive com vergonha, e o que parece ser o antídoto, o *controle*, é na verdade a própria prisão. Eu sei, porque vivi assim durante muitos anos. Eu não tinha controle sobre a raiva de meu pai e não tive, ao final, sobre seu suicídio. A confusão, o medo, a tristeza e a vergonha que isso produziu em mim me empurraram para uma necessidade desesperada de controlar alguma coisa. Não recorri à comida ou ao álcool, minha saída foi mais escura e mais distorcida. Eu tentei controlar o amor de Deus. Por anos vivi sob o peso de tentar ser boa o bastante para Deus, mas como isso parecia bom por fora, eu nunca era questionada por ninguém. Se você aparecer bêbado em seu estudo bíblico, as pessoas notarão. Se seu peso dispara, isso é visto no mundo real. Mas se você se voluntaria para tudo em sua igreja, dirigir um estudo bíblico, falar, aparecer em televisão nacional todos os dias e falar sobre o amor de Deus, só Deus sabe se você está servindo por dor ou por paixão, por um chamado genuíno ou por uma ferida devastadora.

Eu acreditava que *não estava bem* **não** *estar bem*; assim, implacavelmente eu me forçava a me consertar. Se eu sabia que estava viciada por essa busca? Não. Eu achava estar vivendo uma vida que agradasse a Deus, porque eu trabalhava muito para ser digna de amor. Isso funcionou até o dia em que não funcionou mais. Acredito que a misericórdia de Deus nos permita, em algum momento da vida, dar de cara com a parede, e quando tudo o mais desmorona, somos sustentados pela misericórdia divina. Às vezes, chegamos a esse ponto caindo de bêbados na sarjeta ou dormindo nos braços da pessoa errada. Às vezes, chegamos nele quando percebemos que estamos ressentidos com as pessoas que não percebem o quanto fazemos por elas e por Deus. Eu cheguei a esse ponto no chão do meu quarto em um hospital psiquiátrico. Como quer que cheguemos, é devastador. Tudo o que fez sentido até aquele momento da vida é agora exposto como uma farsa. Para mim, aquele lugar agonizante e solitário em que eu, assim como Elias, pedi a Deus que tirasse minha vida, tornou-se o lugar onde ouvi aquela voz mansa e delicada que sussurrava: "Eu amo você. Sempre amei. Sempre vou amar. Descanse um pouco. Abra mão."

O verdadeiro evangelho não adulterado de Jesus Cristo é que Deus nos ama tanto, que enviou Jesus Cristo para tomar nosso lugar na cruz. Quando Cristo clamou: "Está consumado", ele estava dizendo: "A conta está paga na íntegra." Ele levou a vergonha, a punição sobre si mesmo, para que, quando entramos em um relacionamento com ele, quando confiamos na obra consumada na cruz, nós somos perdoados, somos amados e somos livres. Não há nada que você ou eu possamos acrescentar ao que Jesus já fez. Eu amo a música *God Is in Control* [Deus está no controle]. Virou imediatamente um sucesso no rádio, porque a letra era muito encorajadora. Os cantores falavam sobre a verdade de Deus estar no controle a despeito da aparência das coisas e declaravam nossa resposta, de que não seríamos abalados.

Essa música é poderosa, mas o que você faz quando as circunstâncias de sua vida não combinam com a letra da música? Para onde você vai quando a vida parece fora de controle e Deus parece alheio à sua dor? O que fazer quando, até onde pode ver, você foi abandonado? Para quem correr quando você foi sacudido até não poder mais? O que você faz quando está absolutamente convencido de que ouviu o plano de Deus para sua vida, mas nada está se encaixando?

Estas são algumas das questões mais fundamentais que podemos fazer na vida. Essas questões são importantes e Deus nunca se esquiva das coisas que importam à nossa alma. Se, neste exato momento, você se encontra em um lugar onde a vida parece fora de controle e nada parece estar certo, meu coração se compadece de você, e mais do que isso, a Palavra de Deus fala diretamente a você nesse lugar solitário e confuso.

DEUS ESTÁ NO CONTROLE

Na minha vida, a maior verdade que me ajuda a abrir mão do que eu não consigo controlar é a crença fundamental de que, não importa a aparência das coisas, Deus ainda está no trono. Acho que nenhuma história na Bíblia desvela mais a cara que isso pode ter do que a história de José, no livro de Gênesis. Eu digo "a cara que pode ter" porque muitas vezes nossa ideia de Deus estar no controle é radicalmente diferente dessa história. Queremos crer que, se Deus está no controle, as coisas vão se encaixar. Se isso não acontece, queremos entender o motivo e queremos saber em tempo hábil. Essa não é a história de José.

Em Atos 7, lemos a comovente história do apedrejamento de Estêvão. Ele era um jovem cheio do Espírito Santo, um fervoroso seguidor de Cristo. Alguns dos líderes religiosos judeus queriam se livrar dele, então convenceram uns homens a mentir sobre ele, acusando-lhe de haver blasfemado o nome de Deus. Estêvão foi arrastado para a corte, onde o sumo sacerdote lhe perguntou se as acusações eram verdadeiras. Em vez de tentar se defender contra as mentiras, ele fez um relato emocionante da história do povo judeu e da fidelidade de Deus de geração em geração. Quando chegou na história de José, ele disse:

> Mais tarde, Isaque gerou Jacó, e este os doze patriarcas.
> Os patriarcas, tendo inveja de José, venderam-no como escravo para o Egito. Mas Deus estava com ele e o libertou de todas as suas tribulações, dando a José favor e sabedoria diante do faraó, rei do Egito; este o tornou governador do Egito e de todo o seu palácio. (Atos 7: 8b-10)

"*Mas Deus estava com ele e o libertou de todas as suas tribulações*". Treze palavras, uma dose de verdade. Quando voltamos à história de José, vemos que levou treze anos para essas palavras se desdobrarem. Treze anos é um longo tempo para acreditar que Deus está com você quando todas as circunstâncias de sua vida dizem o contrário. A história de José começa em Gênesis 37 e nos leva direto ao fechamento desse livro. As palavras finais registradas em Gênesis são:

> Antes de morrer José disse a seus irmãos: "Estou à beira da morte. Mas Deus certamente virá em auxílio de vocês e os tirará desta terra, levando-os para a terra que prometeu com juramento a Abraão, a Isaque e a Jacó". E José fez que os filhos de Israel lhe prestassem um juramento, dizendo-lhes: "Quando Deus intervier em favor de vocês, levem os meus ossos daqui".
> Morreu José com a idade de cento e dez anos. E, depois de embalsamado, foi colocado num sarcófago no Egito.
> (Gênesis 50:24-26)

Assim como José não tinha ideia de que, quando Deus falou-lhe em sonho, a promessa feita demoraria anos para se cumprir, seus irmãos não tinham ideia de que Deus de fato levaria os israelitas de volta à Terra Prometida, mas eles viveram para ver isso. Demoraria muito tempo ainda e o povo seria liderado por um homem chamado Moisés.

DEUS O TORNOU EM BEM

Somos apresentados a José adolescente em Gênesis 37:

> Ora, Israel gostava mais de José do que de qualquer outro filho, porque lhe havia nascido em sua velhice; por isso mandou fazer para ele uma túnica longa. Quando os seus irmãos viram que o pai gostava mais dele do que de qualquer outro filho, odiaram-no e não conseguiam falar com ele amigavelmente. (Gênesis 37: 3,4)

O ciúme é um câncer nas relações familiares, particularmente em famílias mistas. Naqueles dias – e agora, se você assistir TV – os homens tinham mais de uma esposa. Jacó tinha quatro; assim, seus filhos eram de mães diferentes. Isso já é suficientemente difícil, mas acrescente a isso o fato de José ser o bebê da família e sua mãe ser Raquel, a esposa favorita de Jacó. Uma tempestade perfeita à vista.

Na escola dominical fui ensinada que José recebeu uma túnica de muitas cores, mas, na realidade, era uma túnica ricamente adornada. Foi tolice de Jacó demonstrar tal favoritismo em relação a um filho, porque isso fez os demais se voltarem não contra o pai, mas contra o próprio irmão. Os pais que claramente favorecem um em detrimento de outro causam muita dor e ressentimento. Quando há um segundo casamento com filhos envolvidos, é preciso sabedoria para saber como navegar nessas águas potencialmente problemáticas. Quando nosso filho estava no ensino fundamental, o diretor mandou, para casa de cada aluno, um bilhete dizendo que havia sido contratado um conselheiro escolar especial para ajudar as crianças a passarem pelo sofrimento do divórcio, já que muitas delas estavam se portando mal na escola. Eu tenho amigos que mesclaram as famílias, e eu os vi fazerem isso lindamente, mas demandou tempo, paciência, sabedoria e mais do que umas poucas lágrimas.

Bem, José não apenas ganhou a túnica, ele a usava perto de seus irmãos, o que claramente os irritava. Ele era só um garoto. Aos dezessete anos você faz o que parece bom. A ciência médica nos diz que o lobo frontal, a parte racional do cérebro, não está totalmente desenvolvido até os 25 anos.[1]

Eu gostaria que Jacó, Raquel ou uma das outras esposas tivessem sido capazes de cortar pela raiz o mal do exibicionismo de José, para que os outros filhos não tivessem nada de ruim para dizer do irmão. Isso devia estar claro para todos os adultos, mas eles deixaram passar. Há sabedoria nisso para nós. Não ignore a gênese de um problema, porque ele só vai crescer. Com José, cresceu exponencialmente. Deus tinha um plano incrível para o futuro de José, mas, diferente de Maria, a mãe de Cristo, que "guardava todas essas coisas e sobre elas refletia em seu coração" (Lucas 2:19), José deixou todas elas escaparem pela sua boca.

---

[1] University of Rochester Medical Center Health Encyclopedia. Disponível em: https://www.urmc.rochester.edu/encyclopedia/content.aspx?ContentTypeID=1&ContentID=3051.

> Certa vez, José teve um sonho e, quando o contou a seus irmãos, eles passaram a odiá-lo ainda mais.
>
> "Ouçam o sonho que tive", disse-lhes. "Estávamos amarrando os feixes de trigo no campo, quando o meu feixe se levantou e ficou em pé, e os seus feixes se ajuntaram ao redor do meu e se curvaram diante dele."
>
> Seus irmãos lhe disseram: "Então você vai reinar sobre nós? Quer dizer que você vai nos governar?" E o odiaram ainda mais, por causa do sonho e do que tinha dito. (Gênesis 37:5-8)

No início desse capítulo, José pastoreava com os irmãos os rebanhos de seu pai, no campo, mas poucos versículos depois, ele não está mais com eles. Talvez fosse porque, como o versículo 2 deixa claro, ele gostava de dedurar os irmãos. O texto não nos diz por que algum tempo depois Jacó envia José para ver os irmãos. Talvez ele houvesse lamentado por haver uma brecha em seu relacionamento com os filhos e soubesse que ele havia contribuído para isso.

Embora não saibamos o motivo, essa decisão teria um fim desastroso para Jacó e lhe daria anos de sofrimento. Quando os irmãos viram José chegando, decidiram livrar-se dele de uma vez por todas: eles iam matá-lo. Rúben, o irmão mais velho, interveio e sugeriu que o jogassem em um poço e o deixasse morrer. Os outros irmãos concordaram com isso. Assim, quando José chegou, eles arrancaram-lhe a túnica extravagante das costas e o jogaram poço abaixo. Rúben pretendia voltar depois e resgatar José, mas era tarde demais. Os outros irmãos viram uma caravana em camelos indo para o Egito e venderam o irmãozinho como escravo.

Rúben ficou devastado quando percebeu que José se fora. O arrependimento é uma emoção punitiva. Não consigo imaginar o que ele sentiu. Como deve ter agonizado com sua escolha de concordar com parte de um plano que era errado. Quando nos permitimos dar um passo na direção errada, com a intenção de dar dois passos para trás, muitas vezes não temos a chance de fazer outra escolha. Levaria muitos anos até Rúben poder ver que, embora ele não tenha fincado o pé e salvado seu irmão, Deus o fez.

E quanto a José? Tente se colocar no lugar dele. Ele sabia que havia ouvido a Deus. Sabia que, em algum momento, toda sua família se curvaria e o adoraria. Ele não sabia quando, mas sabia que Deus lhe havia revelado isso em um sonho. Agora ele está ensanguentado e ferido no fundo de um poço. A pergunta natural a ser feita é: "Alguém pode atrapalhar o plano de Deus para minha vida?"

Você já perguntou isso? As circunstâncias são diferentes, visto que poucos de nós vamos acabar literalmente no fundo de um poço, mas o princípio permanece.

Vocês estavam noivos, prestes a se casar. Você esperou pela pessoa certa e, finalmente, Deus a trouxe para sua vida. Então, no último momento, um antigo interesse amoroso mostra a indesejada cara e o noivado é rompido. Você se pergunta: "Como isso pôde acontecer? Agora minha vida está toda fora de controle!"

Você sabia que Deus estava lhe preparando para assumir o estudo bíblico em sua igreja. Você esperou pacientemente e, então, no momento crítico em que o último professor deixou o cargo, a liderança da igreja escolhe outra pessoa. Eles cometeram um erro! Eles escolheram a pessoa errada.

Você está casado há anos. Você se comprometeu a criar seus filhos em uma família saudável, mas então, seu cônjuge diz que quer ir embora. Você luta, ora sobre isso, e no final, você não tem o controle, e ele se vai. Ele estragou o plano de Deus para sua vida? Pela escolha de outra pessoa você está fadado a viver uma vida não tão boa?

Você viveu sua vida com integridade no local de trabalho e na igreja e, então, alguém espalhou um boato sobre você que não é verdade. Você tem certeza de que ninguém vai acreditar naquilo por saberem quem você é, o seu caráter, mas acreditam. Você está indignado e está sozinho. Será que alguém simplesmente estragou o plano de Deus para sua vida?

Eu digo um ressonante não. As pessoas podem ferir você? Sim. As pessoas podem mentir sobre você e partir seu coração? Sim. Eu tive um colega que, há alguns anos, disse a algumas pessoas com quem eu trabalhava que eu era uma mentirosa patológica. Ele lhes disse que eu havia inventado a história da morte do meu pai para ganhar empatia. Disse que a história toda era uma mentira. Eu não compreendia por que ele faria isso, mas o mais difícil de suportar foram aqueles que, a princípio, acreditaram nele. Lembro-me de ficar deitada de bruços no carpete do meu quarto soluçando até meus olhos ficarem tão inchados que eu mal conseguia enxergar. Mais tarde, na mesma noite, abri minha Bíblia em um de meus salmos favoritos e li estas palavras:

> Aquele que habita no abrigo do Altíssimo
> e descansa à sombra do Todo-poderoso
> pode dizer ao Senhor:
> "Tu és o meu refúgio e a minha fortaleza,
> o meu Deus, em quem confio".
>
> Ele o livrará do laço do caçador
> e do veneno mortal.
> Ele o cobrirá com as suas penas,
> e sob as suas asas você encontrará refúgio;
> a fidelidade dele será o seu escudo protetor. (Salmos 91:1-4)

Há momentos na vida em que não há nada que você possa fazer para controlar o que está acontecendo. Nesses períodos, busque seu esconderijo sob o abrigo das asas de Deus. Naquela noite, eu tive de abrir mão do que eu não podia controlar e confiar em meu Pai.

À medida que olhamos mais a fundo na história de José, vemos várias reviravoltas na estrada que ele não deve ter visto chegar, mas quando finalmente se reuniu com seus irmãos, enquanto eles se curvavam diante dele implorando misericórdia, José disse: "Vocês planejaram o mal contra mim, mas Deus o tornou em bem, para que hoje fosse preservada a vida de muitos" (Gênesis 50:20).

Mesmo quando as pessoas intencionam nos prejudicar, Deus ainda está no controle. Não importa qual seja o motivo delas, ou como isso afeta nossa vida por um tempo, Deus está conosco e ele tornará isso em bem. Isso é o que Paulo estava dizendo à igreja em Roma, quando lembrava aos irmãos ali que "sabemos que Deus age em todas as coisas para o bem daqueles que o amam, dos que foram chamados de acordo com o seu propósito" (Romanos 8:28). Ele não disse que todas as coisas são boas ou que todas as coisas parecem boas. Ele simplesmente lembrou a eles e a nós que Deus prometera tornar em bem, mesmo as mais dolorosas circunstâncias da vida. Isso nem sempre acontece na nossa agenda. Uma das passagens favoritas de minha mãe era esta clássica: "Porque sou eu que conheço os planos que tenho para vocês', diz o SENHOR, 'planos de fazê-los prosperar e não de lhes causar dano, planos de dar-lhes esperança e um futuro" (Jeremias 29:11).

É tentador retirar um versículo encorajador das Escrituras e colocá-lo em uma camiseta, mas quando o fazemos, perdemos o contexto e, na verdade, perdemos a esperança maior. Se voltarmos somente um versículo no mesmo capítulo, leremos: "Assim diz o SENHOR: 'Quando se completarem os setenta anos da Babilônia, eu cumprirei a minha promessa em favor de vocês, de trazê-los de volta para este lugar'" (vv. 10).

Eu estou para ver esse versículo em uma camiseta! Agora, antes de jogar este livro na parede porque eu estraguei seu versículo favorito, pense um pouco nisso. Deus, em sua misericórdia, preparava seu povo para o que estava à frente. Ele gentilmente nos diz: "Não entre em pânico por você ter sido arrastado para longe. Não pense que está tudo fora de controle. Estou lhe avisando que levará algum tempo para você não fixar seus olhos no que vê, mas no que eu prometi."

Jesus fez a mesma coisa. Na última conversa que teve com seus amigos mais íntimos, registrada no Evangelho de João, ele tentou prepará-los para os eventos prestes a acontecer. Eles não conseguiriam entender na hora, mas poderiam olhar para trás e se lembrar. "Eu digo isso para que vocês não abandonem a sua fé" (João 16:1, NTLH).

UMA CULTURA DE PERCEPÇÃO

Nosso problema é que vemos nossa vida através da janela de nossa cultura, em vez de pelas sólidas promessas da Palavra de Deus. Nós vivemos em uma cultura de percepção. Temos a percepção de que certas pessoas são vencedoras e certas são perdedoras, dependendo de como se dão as circunstâncias na vida delas.

Eu consegui o emprego e você não; eu ganhei. Estou no controle
Ele escolheu a mim, não a você; eu ganhei. Estou no controle.
Ele conseguiu a promoção e eu não; eu perdi. Não tenho controle.
O filho dele entrou no time de futebol e o meu não; eu perdi. Não tenho controle.

Quando vemos nossa fé através dessa janela, nós a corrompemos. Ou reduzimos Deus a um tio rico oscilante, que dá um dia e tira no outro, ou o reduzimos a alguém que não se importa conosco, que permite que nossa vida seja levada por aí sem plano algum. A verdade é que, ganhando ou perdendo, não estamos no controle. Nunca estivemos. Deus está no controle e ele é por nós. Quando cremos nisso, somente então conseguimos abrir mão do que não entendemos e confiamos em Deus.

Voltemos à história de José. Há muita coisa que poderíamos tirar dela, mas quero que nos concentremos no que lemos sobre o que parecem ser os piores momentos da vida dele. Lembra quando ele foi vendido a uma caravana de negociantes ambulantes em camelos? De nosso ponto de vista, a essa altura ele foi sujeito a duas experiências que pareciam fora de seu controle: primeiro ele é lançado pelos irmãos em um poço; em seguida, é vendido como escravo. Então, lemos isto:

> José havia sido levado para o Egito, onde o egípcio Potifar, oficial do faraó e capitão da guarda, comprou-o dos ismaelitas que o tinham levado para lá.
> O Senhor estava com José, de modo que este prosperou e passou a morar na casa do seu senhor egípcio (Gênesis 39:1,2).

O Senhor estava com José. Precisamos parar bem aqui. Essa é uma verdade profunda e de marejar os olhos. É tentador pensar: "Se o Senhor estava com José, por que ele acabou machucado e maltratado em um país estrangeiro? Por que Deus não o protegeu?" Quando olhamos para nossa própria vida, pensamos: "Certamente, se Deus estiver comigo, não acontecerão coisas terríveis."

Você consegue identificar momentos assim? Quando as coisas saíram erradas, o que passou pela sua cabeça? Você sentiu que Deus estava no controle ou sentiu como se ele houvesse tirado os olhos de você por um momento e, quando voltou a olhar, ele se surpreendeu com o caos? Até que abracemos o entendimento de que Deus, e ninguém mais, está no controle, nossa fé continuará instável. Quando começamos, pela fé, a compreender essa verdade tão profunda quanto a presença da medula em nossos ossos, ela nos muda. Não precisamos mais ter medo. Edward Mote, autor de diversos hinos, colocou isso muito bem:

> *Minha esperança está construída sobre nada menos*
> *Que o sangue e a justiça de Jesus;*
> *Não me atrevo a confiar na mais doce estrutura,*
> *Mas apoio-me inteiramente no nome de Jesus.*
> *Em Cristo, a Rocha sólida, eu permaneço;*
> *Todas as demais bases são areia movediça.*

José não tinha controle algum sobre sua nova situação, ainda assim, ele foi servir a seu amo com tudo o que tinha. Eu sou desafiada com isso. Há momentos na vida em que os outros esperam que façamos coisas que "não são trabalho nosso". O modo como reagimos nesses momentos fala muito sobre nós mesmos. Serviremos ou diremos: "Isso não está certo. Vocês sabem quem eu sou?" Nossa posição na vida jamais deve determinar nossa postura em serviço. Quando José começou a se estabelecer na vida no Egito, Potifar, seu dono, reconheceu a mão do Senhor sobre aquele jovem escravo e o promoveu à cabeça de toda sua casa. "Certo, agora a história faz mais sentido", pensamos. "Ele teve um pequeno solavanco na estrada, foi muito devastador na época, mas agora o ministério de José está de volta aos trilhos. Deus abençoou sua obediência e seus irmãos se curvarão já já. Obrigado, Jesus!" Bem, não abra o champanhe ainda... tem mais coisa.

"José era atraente e de boa aparência, e, depois de certo tempo, a mulher do seu senhor começou a cobiçá-lo e o convidou: 'Venha, deite--se comigo!'" (Gênesis 39:6b,7).

José não cedeu ao desespero, mas será que ele vai tropeçar na tentação sexual? Quantas pessoas em posições de influência caíram nesse embaraço? O sexo é uma força poderosa. É um belo presente dado por Deus, quando expressado dentro do compromisso do casamento, mas quando somos tentados a sair desse limite, isso gera dor e mágoa.

Esta não é uma tentação apenas para os que estão em posição de autoridade, é claro. Podemos ler sobre essas pessoas nas notícias, mas a verdade é que é uma tentação que afeta a todos nós. Eu andei ao lado de um casal de amigos que tiveram casos amorosos e foi devastador para todos os envolvidos. Meus amigos jamais imaginaram ser capazes de algo desse tipo. A verdade é que todos nós somos capazes de qualquer coisa. Quando permitimos que a tentação fale mais alto que a inspiração do Espírito Santo, o impensável pode se tornar realidade. Aquilo que, no momento, pareceu sedutor aos meus amigos, foi, quando acabou, cheio de arrependimento. Nós vivemos em um tempo e uma cultura que removeram os padrões de Deus e estigmatizaram o impensável como aceitável. Não apenas aceitável, mas normal. É por isso que temos de afundar nosso coração na Palavra de Deus, que é, como escreveu Davi, "lâmpada que ilumina os meus passos e luz que clareia o meu caminho" (Salmos 119:105).

Então, como José reagiu à tentação sexual?

> Mas ele se recusou e lhe disse: "Meu senhor não se preocupa com coisa alguma de sua casa, e tudo o que tem deixou aos meus cuidados. Ninguém desta casa está acima de mim. Ele

nada me negou, a não ser a senhora, porque é a mulher dele. Como poderia eu, então, cometer algo tão perverso e pecar contra Deus?" (Gênesis 39:8,9)

Seria difícil imaginar uma resposta mais honrosa. José recusou-se a quebrar a confiança de seu mestre, e mais que isso, ele reconheceu que, em última instância, estaria pecando contra Deus. Embora ele tenha decidido fazer a coisa certa, a esposa de Potifar não desistiu. Um dia, quando ninguém mais estava por perto, ela agarrou José pela capa e tentou puxá-lo para seu quarto. José se libertou da mão da mulher, mas seu manto ficou com ela, enquanto ele corria daquele lugar. Quando o marido chegou em casa, a esposa acusou José de tentar estuprá-la. Potifar ficou furioso que o escravo a quem ele dera tanta autoridade havê-lo traído; assim, José foi lançado na prisão. Tão injusto. José fez tudo certo. Ele até testemunhou um pouco para ela — "eu não posso pecar contra o meu Deus" — e, no entanto, acabou na prisão. Nessa situação seria tentador acreditar que Deus não está no controle: Se Deus está no controle, como eu posso acabar na prisão por fazer a coisa certa? Mais uma vez, lemos isto: "Mas o Senhor estava com ele e o tratou com bondade, concedendo-lhe a simpatia do carcereiro" (Gênesis 39:21 21).

José não tinha poder, nem advogado, nem controle. Não havia nada que pudesse fazer, além de continuar sendo o homem que estava se tornando. Ele abriu mão do que não podia controlar e, mais uma vez, pôs-se a serviço. O jovem e arrogante adolescente estava se transformando em um homem de integridade e caráter verdadeiros. O carcereiro ficou tão impressionado com José que o encarregou de todos os outros prisioneiros. Uma das maiores lições da vida de José é que Deus está muito mais interessado em quem estamos nos tornando do que naquilo que estamos fazendo. As coisas darem errado não o afastou de Deus. Ele permaneceu fiel. É fácil ficar amargo ou desanimado quando as coisas não saem do modo como esperávamos, principalmente quando temos honrado a Deus. José continuou a servir.

Não sabemos quanto tempo José passou na prisão. Ele tinha dezessete anos quando foi levado ao Egito e trinta quando faraó o tirou da prisão e o colocou como o segundo homem no comando daquela terra. Os sonhos que ele teve quando menino estavam prestes a fazer sentido no tempo de Deus. José tinha o dom de conseguir interpretar sonhos. Em algum momento, durante sua sentença, o copeiro-chefe e o padeiro ofenderam ao faraó e foram parar na prisão com José. Certa manhã, o jovem notou que os dois pareciam profundamente perturbados, por isso lhes perguntou o que havia de errado. Eles lhe disseram que o sonho da noite anterior os estava incomodando. Eles não tinham ideia do que o sonho significava. José assegurou-lhes que as interpretações pertencem a Deus e os convidou a contarem o sonho, o que eles prontamente fizeram. Para um, uma boa notícia: ele seria restaurado. Para outro, o resultado não seria tão bom: ele estava prestes a ser condenado à morte. Então José fez algo digno de nota. Ele pediu ao homem que seria restaurado para fazer algo por ele: "Quando tudo estiver indo bem com você, lembre-se de mim e seja bondoso comigo; fale de mim ao faraó e tire-me desta prisão" (Gênesis 40:14).

Tudo o que José disse aos dois homens se tornou realidade. Um homem foi executado; e o outro, restaurado, mas este se esqueceu de sua promessa a José. José passaria os próximos dois longos anos na prisão. Eu me pergunto se José se cansou de esperar que Deus o libertasse. Havia sido uma estrada longa e difícil, e ele fora fiel, mas nada estava acontecendo. Deus não o libertara. Em sua humanidade, ele tentou exercer um pouco de controle e pediu ajuda ao copeiro. Se Deus houvesse se esquecido dele, certamente o copeiro não iria. É fácil de entender. Quando algo se arrasta por um longo tempo, queremos apenas que acabe; assim, tentamos resolvê-lo nós mesmos. Não funcionou para José e não funcionou para mim. Em meu espírito eu ouvi Deus dizer: *Você pode correr por aí e tentar apagar cada pequeno fogo, ou você pode se lançar sobre mim e, quando for a hora certa, eu libertarei você.*

Dois anos depois, faraó teve um sonho e ninguém conseguiu interpretá-lo. Então, o copeiro se lembrou de sua promessa e contou a faraó sobre José. O resto, como dizem, é história. José interpretou o sonho e depois, feito primeiro-ministro por faraó, elaborou um plano para preparar a nação do Egito para uma fome que viria. Quando a fome chegou, a nação foi salva. Mas a fome se espalhou além do Egito e alcançou Canaã, onde viviam os irmãos de José e seu pai, Jacó. Há muito drama nos capítulos restantes, quando os irmãos descobrem que José não só está vivo como também está no comando. Há uma bela reunião entre José e seu pai quando a história chega ao fim. Para nós, o presente que José deu aos irmãos é um presente para nós entesourarmos fundo em nosso coração: "Vocês planejaram o mal contra mim, mas Deus o tornou em bem."

José não tenta encobrir qual foi a motivação de seus irmãos; ela era clara. Eles inicialmente o deixaram para morrer e depois o venderam como escravo... *mas Deus*. Essas duas palavras mudam tudo.

Você pode ter sido traído... *mas Deus*.

Você pode ter sido abandonado... *mas Deus*.

Você pode pensar que agora tudo está fora de controle... *mas Deus*.

Você consegue levar a Deus o que quer que esteja fora de seu controle e, pela fé, dizer: "Eu não entendo, mas confio em ti. Eu escolho abrir mão".

O primeiro versículo que aprendi quando criança foi Salmos 46:10 "Aquietai-vos e sabei que eu sou Deus" (ARA).

A raiz hebraica traduzida por *aquietai-vos* significa "abrir mão". Quando *abrimos mão*, reconhecemos para ele: "Tu és Deus".

UM PASSO DE CADA VEZ

Não entre em pânico, Deus está segurando você

1. Anote as áreas da vida que você luta para controlar. Pode ser seu casamento, seus filhos, seu trabalho, sua mente, seus gastos ou sua alimentação. Seja o que for, coloque no papel e o encare. Ofereça cada área a Deus e peça-lhe que o ajude a abrir mão.

2. Existem muitos nomes para Deus nas Escrituras. Aqui estão alguns. Medite neles. Encontre aquele que fala mais aos seus medos.

Elohim: O forte Deus Criador.
Adonai: Senhor de tudo.
El Roi: O Deus que me vê.
El Shaddai: Deus todo-poderoso.
Jeová-Shalom: O Deus da paz
Jeová-Rapha: O Deus que cura.
Jeová Raá: O Senhor é meu Pastor.

Tome um por dia e declare-o sobre sua vida.

Mas também nos gloriamos nas tribulações, porque sabemos que a tribulação produz perseverança; a perseverança, um caráter aprovado; e o caráter aprovado, esperança. E a esperança não nos decepciona, porque Deus derramou seu amor em nossos corações, por meio do Espírito Santo que ele nos concedeu.
(Romanos 5:3-5)

Se os sonhos morrem, a vida fica um pássaro de asas quebradas, não pode voar.
(Langston Hughes)

SEIS

ERGA-SE ACIMA DAS DECEPÇÕES

uando penso em todas as emoções que compõem quem somos, a decepção é uma das mais difíceis de lidar. Tantas coisas se enquadram nessa palavra, mas elas não têm o mesmo peso. Fiquei decepcionada pelo Dallas Cowboys não ter tido uma temporada melhor no ano passado, mas isso não deixou uma marca em meu coração. (Sempre temos o próximo ano!) Algumas situações, no entanto, nos devastam e nos deixam sem fôlego. Isso aconteceu comigo e me mudou para sempre. Quando estava no terceiro mês da gravidez do Christian, a médica me disse que havia algo seriamente errado com ele. A frase que ela usou foi "incompatível com a vida". Como eu já estava com quarenta anos à época do nascimento, ela havia recomendado uns testes, além dos normais. Assim que teve todos os resultados em sua mesa, ela nos chamou e nos deu aquele diagnóstico impensável. A doutora recomendou que interrompêssemos a gravidez imediatamente. Eu disse não. Não. Não. Então ela disse: "Vamos ver quanto tempo você consegue mantê-lo."

TUDO BEM NÃO ESTAR BEM

As semanas e os meses seguintes foram uma montanha-russa de emoções, mas as mais constantemente presentes eram mágoa e decepção profunda. Eu também estava confusa. Por que Deus permitiu que eu engravidasse só para esse pequenino morrer na mesa de parto? Na minha Bíblia eu havia sublinhado este versículo quando descobri que ia ter um bebê: "Os leõezinhos sofrem necessidade e passam fome, porém aos que buscam o Senhor bem nenhum lhes faltará" (Salmos 34:10, ARA).

Agora esse "bem" seria tirado. Por quê? Lembro-me de dirigir até a praia, onde morávamos antes, no sul da Califórnia, e conversar com meu bebê. Eu disse: "Não sei se você ouviu aquilo tudo, mas só quero que saiba que eu vou lutar por você. Eu vou lutar para que você tenha cada fôlego que Deus ordenou que você tenha."

Eu chorei e orei e barganhei com Deus. Enfrentar a decepção de perder o único filho que eu provavelmente seria capaz de ter abalou até o âmago de minha fé. É tão fácil citar versículos quando o sol está brilhando, mas quando o dia escureceu como a noite, isso me silenciou. Eu tive de lutar com o mesmo versículo que havia escolhido sublinhar... *aos que buscam o Senhor bem nenhum lhes faltará.* Pensei em amigos que perderam filhos, que tiveram o casamento desmoronado, a saúde física dizimada. Esse versículo tinha de significar mais do que eu queria que significasse. O que ainda está em pé quando tudo o mais se vai? Eu encontrei a resposta de joelhos e entre lágrimas.

Cristo, meu Salvador. Deus, meu Pai. O Espírito Santo, meu Consolador.

O "bem" que queria, talvez eu não conseguisse. O "bem" que permaneceria era maior.

Algumas semanas antes de Christian nascer, minha médica me ligou para dizer que no mesmo dia que o resultado dos meus testes chegou, o resultado de outra paciente, também de quarenta anos, chegou. O meu resultado fora acidentalmente colocado no prontuário dela, e o dela fora colocado no meu. Nunca houve nada de errado com Christian. Antes de eu poder começar a comemorar, subitamente percebi que outra mulher receberia uma ligação muito peculiar. Eu caí de joelhos e orei por ela. Quem seria ela? Será que conhecia a Cristo? Como ela suportaria essa notícia? A minha médica não podia me dizer o nome da paciente, mas o Senhor a conhecia, e eu a levei todos os dias diante dele. Perder Christian não seria parte da minha história, mas em todo lugar que vou, eu encontro aqueles que enfrentaram uma perda tremenda. É tentador oferecer versículos rápidos e fáceis para os que estão em dor, mas caminhar pela possibilidade de perder meu filho me mudou. As lágrimas que eu chorei lavaram mais do que meu rosto, elas lavaram minha alma.

Quando começamos a descer, eu olhei pela janela do avião, na esperança de ter meu primeiro vislumbre de Winnipeg, Canadá. De acordo com o anúncio do piloto, estávamos quase em solo, o que era difícil de crer. Tudo que eu conseguia ver era uma espessa camada de nuvens brancas. Enquanto eu fitava com mais atenção, entretanto, percebi que não estava olhando para nuvens; o que eu via era a neve. Estava tudo tapado por um grosso cobertor de neve, como se Winnipeg tivesse se enfiado embaixo das cobertas para dormir. Eu fora convidada a falar em uma conferência de mulheres naquele fim de semana, e nosso anfitrião me avisara de que estaria frio. Enquanto colocávamos o pé para fora do avião e a primeira rajada de ar gelado atingiu meu rosto, tornou-se amargamente claro para mim que a palavra "frio" é um termo relativo. Existe o "você quer seu chá frio?" e existe o "você quer que sua cara caia em cinco minutos?".

Espiei o aplicativo de clima em meu celular e vi que estava fazendo vinte graus abaixo de zero. Ora, isso é frio. Eu fiz um comentário sobre a temperatura ao funcionário da alfândega enquanto ele olhava meu passaporte (o que, a propósito, não é uma ideia inteligente), e ele me aconselhou, com uma certa severidade, a ser grata, pois pode chegar a quarenta negativos. Eu lhe garanti que estava grata, muito, muito grata.

Um dos membros do comitê organizador da conferência pegou Barry e eu e nos levou ao hotel. Perguntei-lhe se era difícil dirigir com aquele tempo, pois as estradas estavam cobertas com uma camada sólida de gelo. Ela, enquanto deslizávamos cruzando um sinal vermelho, assegurou-me que não era. Claramente ela vivia com uma mentalidade de "copo meio cheio". Gostei dela de imediato! Eu e meu marido demos entrada no hotel e, quando tentei abrir as cortinas para saber que vista teríamos, as cortinas estavam literalmente congeladas à janela. Entendo que parte disso pode soar um exagero; eu prometo que não é. Existe frio e existe "frio-do-inverno-ao-norte".

Levantei às 6h no dia seguinte para me arrumar. Liguei o modelador e tentei enrolar meu cabelo. Eu não gosto dele muito enrolado, apenas com umas belas ondas praianas suaves, mas ele absolutamente se recusou a responder. Meu cabelo perdera a vontade de viver. Coloquei minha calça de couro e uma camisa manga longa de seda branca. A camisa imediatamente colou em minha pele, como se estivesse tendo um ataque de pânico. Tirei-a e, só por curiosidade, joguei-a na parede. Ela grudou. Nunca havia me deparado com aquele nível de eletricidade estática ou de ar completamente seco antes. Quatro horas rumo ao norte em um avião e eu aterrissei em outro planeta. Borrifei a camisa com água e vesti-a novamente. Coloquei uma jaqueta, depois um casaco, cachecol e luvas e saí para a lúgubre manhã de inverno.

Enquanto dirigíamos até o teatro, olhei para a agenda do dia. Estava lotada. Eles aparentemente haviam adicionado umas coisinhas extras ao programa. As mulheres estavam vindo de todo o Canadá, então eles queriam fazer valer a pena. Eu falaria agora quatro vezes, depois teria uma sessão de perguntas e respostas, um apelo e, por fim, conduziria as mulheres em um culto de comunhão.

Foi minha primeira vez em Winnipeg, mas espero que não seja a última. Eu me apaixonei pelas mulheres que foram. Elas eram calorosas (relativamente falando!) e estavam ansiosas para se abrir e aprender, com Bíblia, caderno e caneta a postos. O teatro estava com sua capacidade lotada, o que parecia ser a maneira perfeita de manter o calor corporal: uma comunhão próxima do tipo sobrevivência. Falei duas vezes na sessão da manhã e depois paramos para o almoço. Eu nunca antes havia comido um sanduíche com alface congelada (isso dá ao termo *iceberg* um significado totalmente novo), então decidi deixá-lo descongelar um pouco e conhecer algumas das mulheres individualmente.

Eu sempre me surpreendo com a força daqueles que passam por tempos devastadores e ainda assim confiam em Deus, mesmo quando a vida não faz sentido. Uma mulher sacou o celular para me mostrar uma foto do filho. Protegerei alguns detalhes para honrar a privacidade dela, mas enquanto olhava nos olhos dela para comentar como ele era bonito, vi um oceano de tristeza. Ela enfrentara o impensável na vida de qualquer mãe: ter de enterrar o filho.

Pensar nisso me tirou o fôlego. Eu não tinha palavras. Tudo que eu pude fazer foi abraçá-la e chorar com ela. Ela viera sozinha à conferência, cujo título era "Em meio ao caos, encontre a força para esta bela e despedaçada vida". Imagino que a única palavra que fez sentido para ela foi *despedaçada*. A vida não era bela. Ela nem queria força. Ela estava despedaçada. Aquela nunca foi a vida que ela imaginou. Eu estava com medo de falar alguma palavra para ela. O que poderia dizer para tocar a profundidade de sua dor? No que pareceu um momento sagrado, ela me abraçou e, por meio de lágrimas amargas, disse: "Obrigada." Eu não faço ideia do que Deus lhe deu naquele dia. Eu havia lido esta passagem de Hebreus:

> Portanto, também nós, uma vez que estamos rodeados por tão grande nuvem de testemunhas, livremo-nos de tudo o que nos atrapalha e do pecado que nos envolve, e corramos com perseverança a corrida que nos é proposta, tendo os olhos fitos em Jesus, autor e consumador da nossa fé. Ele, pela alegria que lhe fora proposta, suportou a cruz, desprezando a vergonha, e assentou-se à direita do trono de Deus. (Hebreus 12:1,2)

Em minha humanidade, imaginei como qualquer uma dessas palavras poderia ir ao encontro dela no labirinto de sua dor. Fui lembrada, mais uma vez, de que a Palavra de Deus é uma carta de amor viva, não apenas palavras em uma página: ela está viva. O Espírito Santo tomou a verdade e verteu bálsamo em um coração despedaçado. É um mistério para mim.

Sempre antes de falar, eu me ponho de joelhos e peço a Deus que faça o que só ele pode fazer. Quando olho para uma sala de rostos sorridentes, eu não tenho ideia do que se passa lá no fundo, mas o Senhor sabe e, pelo poder do Espírito Santo, milagres acontecem. Nesses momentos profundos, sempre sou lembrada da história de Cristo alimentando 5 mil pessoas em uma colina. O relato está em todos os Evangelhos, mas Marcos dá um detalhe que os outros deixam passar. Entender esse simples detalhe, a pergunta que Cristo faz aos amigos, mudou completamente minha perspectiva sobre ministério.

> Quando Jesus saiu do barco e viu uma grande multidão, teve compaixão deles, porque eram como ovelhas sem pastor. Então começou a ensinar-lhes muitas coisas.
>
> Já era tarde e, por isso, os seus discípulos aproximaram-se dele e disseram: "Este é um lugar deserto, e já é tarde. Manda embora o povo para que possa ir aos campos e povoados vizinhos comprar algo para comer".
>
> Ele, porém, respondeu: "Deem-lhes vocês algo para comer".
>
> Eles lhe disseram: "Isto exigiria duzentos denários! Devemos gastar tanto dinheiro em pão e dar-lhes de comer?"
>
> Perguntou ele: "Quantos pães vocês têm? Verifiquem".
>
> Quando ficaram sabendo, disseram: "Cinco pães e dois peixes".
>
> (Marcos 6:34-38)

Nos tempos bíblicos, somente os homens eram contados em uma multidão; então, se havia 5 mil homens, deveria haver, com as mulheres e crianças, pelo menos 9 ou 10 mil pessoas. Isso dá uma multidão para encher uma arena. Você acha que em uma multidão daquele tamanho a única comida disponível era o almoço de um menino? Eu acho que não. Se havia mulheres na colina aquele dia, havia lanches.

ERGA-SE ACIMA DAS DECEPÇÕES

As mulheres estão sempre preparadas com alguma coisa para o caso de os filhos ficarem com fome e começarem a fazer escândalo. Imagino que ninguém mais tenha oferecido a própria comida, porque achava que não seria o suficiente ou não queria compartilhar. O único a dar o que tinha foi o garotinho com cinco pães de cevada e dois peixinhos. Ele deu o que claramente não era suficiente e então Jesus fez o que só ele pode fazer.

> [Jesus] tomando os cinco pães e os dois peixes e, olhando para o céu, deu graças e partiu os pães. Em seguida, entregou-os aos seus discípulos para que os servissem ao povo. E também dividiu os dois peixes entre todos eles. Todos comeram e ficaram satisfeitos, e os discípulos recolheram doze cestos cheios de pedaços de pão e de peixe. Os que comeram foram cinco mil homens. (Marcos 6: 41-44)

Foi um milagre na colina naquele dia, mas o princípio se aplica também a nós. Nós nunca teremos o suficiente para cumprir todas as demandas feitas a nós, mas tudo bem. Não se espera que tenhamos o suficiente. Espera-se que levemos o que temos (o nosso obviamente *não-o-suficiente*) a Jesus e peçamos-lhe que venha ao encontro da necessidade naquela situação.

Quando damos a Jesus o nosso *não-o-suficiente*, ele o abençoa e o parte, e ele alimenta seu povo. Entender esse princípio mudou algo dentro de mim. Eu nunca terei o suficiente para tocar as necessidades de todos na multidão, quer seja uma multidão de 50 pessoas ou de 10 mil pessoas. Mas isso não é pedido de mim. Jesus simplesmente me pergunta: "O que você tem?" Ficou claro para mim naquela tarde em Winnipeg, Canadá, que, uma vez mais, eu era como o garotinho na colina que assistiu a um milagre. Esse não era o tipo de milagre que daria um bom filme ou o tipo pelo qual muitas vezes desejamos. Nessas histórias, todos são alimentados, todos são curados e todos os casamentos são restaurados. O que eu vi naquele dia foi a presença de

Cristo aparecendo em meio a uma decepção devastadora e segurando alguém que mal conseguia se aguentar em pé. Assim como eu levei à mesa o pouco que tinha, o mesmo fez aquela corajosa mãe. Ela se levantou naquela manhã, lavou o rosto, vestiu-se e, sozinha, foi se juntar a uma multidão de irmãs, confiando que Cristo lhe viria ao encontro naquele pouco que ela fora capaz de levar — e ele o fez. O simples ato daquela mulher de se levantar e decidir ir até lá foi um ato de adoração.

Eu amo este detalhe que João inclui ao contar a mesma história: "Em seguida Jesus pegou os pães, deu graças a Deus e os repartiu com todos..." (João 6:11, NTLH).

Jesus agradeceu ao Pai por aquele *não-o-suficiente* que foi dado por um garotinho. O princípio espiritual de trazer o pouco que temos e confiar que Cristo virá ao nosso encontro aplica-se a todas as áreas da vida, não apenas àquelas que entendemos como situações ministeriais. Eu vejo tudo da vida como ministério, 24 horas por dia, 7 dias por semana. Para mim, tornou-se um hábito diário reconhecer, cada manhã, que eu não tenho o suficiente para os desafios que aquele dia me reserva e pedir a Cristo que me encontre neles. Quando você e eu fazemos isso, Cristo dá graças. Em nossa humanidade, estamos curvando os joelhos a nosso Senhor e Salvador e reconhecendo que ele é Deus e nós não somos. Oferecer em fé o pouco que temos é um presente para Jesus. Acho significativo que, após a multidão ter comido o quanto quis, sobraram doze cestos, um para cada discípulo. Esses não eram como as pequenas cestas delicadas nas quais colocamos os pães à mesa. Eles eram cestos grandes nos quais os soldados romanos guardavam as espadas. É como se Jesus estivesse dizendo a seus amigos mais íntimos: "Vocês pegaram agora? Entenderam? Vocês nunca terão o bastante, mas esse não é o ponto. Em mim há mais do que o bastante."

Há tantas situações em que precisamos da graça de um milagre cotidiano. Você tem sofrido como mãe? Talvez você tenha três filhos que precisam estar, na mesma hora, cada um em um lugar diferente e isso é esgotante. Muitos dias você se sente frustrada. Alguns dias você se sente um fracasso.

Você sofre no trabalho? Seu chefe tem expectativas excessivamente altas que você não consegue cumprir e, assim, você se sente constantemente estressado e ansioso. Esse tipo de pressão é paralisante. Em vez de incentivar o melhor que existe em você, a mensagem é que, não importa o que você faça, nunca será suficiente. É difícil atingir esse padrão.

Você está lutando com sua saúde? Você pensa nos dias em que a vida era diferente e conseguia fazer muito mais. Agora você sente que tem pouco a oferecer.

Seja o que for que você esteja enfrentando agora, Cristo lhe convida a trazer quem você é e o que você tem (ou não tem) a ele, em honestidade e humildade, e esperar com ele ali.

Senhor, eu não tenho energia suficiente, não tenho tempo suficiente, não tenho dinheiro suficiente. Eu não tenho paciência suficiente, eu não sou suficiente.

Enquanto esperamos diante dele, o convite vem:

> Venham a mim, todos os que estão cansados e sobrecarregados, e eu lhes darei descanso. Tomem sobre vocês o meu jugo e aprendam de mim, pois sou manso e humilde de coração, e vocês encontrarão descanso para as suas almas. Pois o meu jugo é suave e o meu fardo é leve. (Mateus 11:28-30)

Um jugo é algo colocado sobre os ombros de dois bois. Eles carregam o peso juntos. O convite de Cristo para nós é maior. Ele andará ao nosso lado e carregará o peso.

Eu costumava questionar Deus quando conhecia alguém em tanta dor, como aquela mãe que enterrara recentemente o filho. Como Deus pode permitir que essas coisas aconteçam? Eu tinha dificuldade porque usava meu entendimento humano para tentar compreender os planos e caminhos divinos. Nunca saberei o suficiente sobre ele deste lado da eternidade a ponto de deixar tudo claro como cristal. Então, eu não questiono mais. Em vez disso, eu oro por essas pessoas, muitas vezes com lágrimas rolando pelo rosto, e eu adoro a Deus naquela posição sagrada de não entender. Essa pode parecer uma resposta estranha. Pode parecer uma obediência semelhante a de seitas, que é fora da realidade. Longe disso. Para mim não há realidade maior que o amor e a fidelidade de Deus. Eu nem sempre vejo a mão de Deus em uma situação de partir o coração, mas como escreveu o grande pregador Charles Spurgeon: "E quando não conseguimos detectar sua mão, devemos confiar em seu coração."[1]

Pense desta maneira: Eu não estou vivendo pela fé se tenho uma resposta para tudo. Se eu entendo tudo o que Deus faz ou deixa de fazer, então só me resta amá-lo com minha mente. Nós somos chamados a amá-lo com mais do que isso. Quando um especialista em lei religiosa perguntou a Cristo o que tinha de fazer para herdar a vida eterna, Cristo perguntou-lhe como ele entendia as leis dadas a Moisés. A resposta do perito foi: "'Ame o Senhor, o seu Deus, de todo o seu coração, de toda a sua alma, de todas as suas forças e de todo o seu entendimento' e 'Ame o seu próximo como a si mesmo'" (Lucas 10:27).

Cristo disse que ele havia respondido corretamente. Coração, alma, forças e entendimento. O que isso parece para você e para mim agora? Amamos com o coração mesmo quando ele está partido. Amamos com a alma mesmo quando nossa humanidade luta contra nossa situação. Amamos com nossas forças mesmo quando estão quase acabando. Amamos com nosso entendimento mesmo quando não entendemos.

Se você conhece alguma coisa da minha história, sabe que não digo essas coisas de forma frívola. Eu falo com fé, acreditando 100%, de modo tão profundo quanto a medula em meus ossos, que Deus é bom e podemos confiar nele mesmo quando não entendemos a situação em que nos encontramos na vida. Como escreveu Paulo à igreja em Corinto: "Agora, pois, vemos apenas um reflexo obscuro, como em espelho; mas, então, veremos face a face..." (1Coríntios 13:12).

---

[1] Charles Spurgeon, citado em inglês, disponível em: https://www.goodreads.com/quotes/1403154-god-is-too-good-to-be-unkind-and-he-is.

ERGA-SE ACIMA DAS DECEPÇÕES

Na maioria de minhas conferências, temos tempo para uma sessão de perguntas e respostas. Eu recebo uma ou duas perguntas fofas habituais: "Onde você conheceu seu marido?"; "Onde você comprou essas botas?"

Outras são mais difíceis de ouvir: "Estou enfrentando o câncer pela segunda vez. Por que Deus permitiria isso?"; "Fui duas vezes abusada sexualmente quando criança, por diferentes membros de minha família. Não sei o que fazer com a vergonha".

Há sempre uma linha comum às perguntas que recebo: *A vida é decepcionante. Esta não é a vida que imaginei.* Acho que a maioria de nós poderia dizer isso. Pense em quando você era adolescente. Como você imaginou que seria sua vida? Eu pensei que seria enfermeira, até descobrir o que significava estar perto de sangue. Talvez você pensasse que fosse se casar e ter muitos filhos, ou talvez se visse como uma mulher de carreira dirigindo seu próprio negócio um dia. Quando eu estava no seminário, uma das garotas, que se tornou minha amiga, me disse que em seu formulário de inscrição, quando perguntaram onde ela acreditava que Deus a chamara para estar, ela escreveu: "Ser esposa de pastor. Pastor não encontrado ainda."

Algumas mudanças inesperadas na vida são bem-vindas, mas ninguém imagina as coisas difíceis que lhe aguardam ao virar a esquina. Como viver, então, quando nos encontramos em um lugar que está longe de ser a vida que imaginamos? Quando considero uma mulher das Escrituras que podia inequivocamente afirmar que a vida dela não era a que havia sonhado para si, penso em Abigail. Encontramos sua história em 1Samuel 25, entremeada à época em que Davi fugia para se salvar do rei Saul. Eu amo as lições de sua vida. Podemos ver alguém vivendo uma situação difícil, mas cuja sabedoria e fidelidade a Deus a guiou em meio à sua decepção e, por fim, a levou para um novo lugar de graça. O nome dela significa "meu pai é alegria". Creio que seja onde ela encontrava forças, porque seu marido, Nabal, não trazia alegria à sua vida. O nome dele significa "tolo", e ele estava à altura do nome.

PERMANECENDO FORTE QUANDO OS SONHOS SÃO ADIADOS

> [...] Depois Davi foi para o deserto de Maom. Certo homem de Maom, que tinha seus bens na cidade de Carmelo, era muito rico. Possuía mil cabras e três mil ovelhas, as quais estavam sendo tosquiadas em Carmelo. Seu nome era Nabal e o nome de sua mulher era Abigail, mulher inteligente e bonita; mas seu marido, descendente de Calebe, era rude e mau.
>
> (1Samuel 25:1-3)

Naqueles dias, as mulheres não tinham voto sobre a escolha de seus maridos. Nabal, um homem rico, deve ter parecido um bom partido aos olhos do pai de Abigail, mas o dinheiro nunca é bastante para garantir uma vida em paz. Eu me pergunto quantos dias será que levou para ela perceber o tipo de homem com quem se casara. Imagino que não muitos. Outra versão o descreve como um homem "duro e maligno em todo o seu trato" (ARA). Tenho certeza de que era como ele a tratava. Não só isso, Abigail presenciava a maneira como ele tratava a todos que trabalhavam para ele. Ele era um homem cruel. É difícil ver o lado podre de alguém que você, em algum momento, pensou amar. Nabal bebia muito, com frequência ficava bêbado e, nesse estado, se tornava ainda mais repugnante.

Mesmo em nossos dias, quando podemos escolher com quem vamos passar o resto da vida, nosso verdadeiro eu geralmente não emerge até que tenhamos o aro de ouro no dedo. Podemos esconder nossas feridas quando estamos namorando, mas com a chegada das provas cotidianas, elas começam a mostrar as feias caras. Não acho que Barry, quando nos casamos, entendesse o que significava viver com alguém com um diagnóstico de depressão clínica. Não apenas isso, eu não sabia como permitir que alguém entrasse naquele lugarzinho que eu guardara com tanto cuidado. Barry tinha seus problemas também, e levou anos para aprendermos a confiar um no outro e a confiar em Deus. Algumas vezes, procuramos a ajuda de um bom conselheiro e encontramos um caminho para conseguirmos nos conhecer e amar reciprocamente.

Nenhum casamento é fácil. Todos demandam muito trabalho, mas quando somente uma parte vê um problema ou está disposta a trabalhar nele, fica difícil seguir em frente. Estou pensando em vocês que estão em um casamento difícil agora. Meu coração sofre por vocês. Quando estamos no altar ou diante do Juiz de paz, a estrada à frente parece clara e ensolarada. Quando as nuvens de tempestade começam a se formar e o céu fica tão escuro quanto a noite é difícil se lembrar daquele casal feliz que fez os votos diante de Deus e da família. Na maioria das vezes, a tempestade passará. Se o casal aprender com ela estará mais preparado para enfrentar a próxima, mas às vezes a tempestade é mais como um tornado – destruindo tudo em seu caminho, mudando a paisagem de sua vida – e o seu casamento chega ao fim. Se essa é sua história, eu me compadeço de você. Quer você fosse a parte que queria o divórcio, quer não, é dolorosa a separação de duas vidas. Nesses momentos, precisamos nos apegar à verdade de que quando o coração está quebrado, o Senhor está próximo. Quando somos esmagados, Cristo está perto. Você não está sozinho.

Mesmo quando você desiste de si mesmo, Deus não desiste. O que quero que vejamos na história de Abigail, no entanto, aplica-se a todos nós: casados, solteiros ou divorciados. Ela era uma mulher vivendo em uma situação desesperadamente decepcionante; mas fica claro que ela não permitiu que isso mudasse quem ela era. De alguma forma, Abigail foi capaz de estar bem em uma situação que não estava bem. Mas houve um dia de mudança de vida, quando tudo chegou a um ponto crítico e ela era a única esperança entre dois homens. De um lado, um homem tolo e arrogante, e, de outro, um homem poderoso e irado.

Davi estava fugindo do rei Saul. O rei perdera a capacidade de ouvir a voz de Deus, e sua inveja pela popularidade de Davi levou-o ao limite da sanidade. (Leia mais dessa história em 1Samuel 15-19.) A única coisa na mente do rei Saul era matar Davi, não era servir ao povo. Assim, Davi fugiu do palácio, e ele e seiscentos homens se refugiaram no deserto de Maom, perto de onde Abigail e Nabal moravam. Desde que haviam se instalado lá, todos os rebanhos de Nabal foram mantidos a salvo dos ladrões que lhe roubavam. Seus rebanhos agora estavam prosperando e sua riqueza aumentando. Então, Davi enviou uma mensagem a Nabal.

> No deserto, Davi ficou sabendo que Nabal estava tosquiando as ovelhas. Por isso, enviou dez rapazes, dizendo-lhes: "Levem minha mensagem a Nabal, em Carmelo, e cumprimentem-no em meu nome. Digam-lhe: Longa vida para o senhor! Muita paz para o senhor e sua família! E muita prosperidade para tudo o que é seu!
> "Sei que você está tosquiando suas ovelhas. Quando os seus pastores estavam conosco, nós não os maltratamos, e durante todo o tempo em que estiveram em Carmelo não se perdeu nada que fosse deles. Pergunte a eles, e eles lhe dirão. Por isso, seja favorável, pois estamos vindo em época de festa. Por favor, dê a nós, seus servos, e a seu filho Davi o que puder". (1Samuel 25:4-8)

Recado bom. Respeitoso, contudo salientando que, uma vez que era tempo da tosquia das ovelhas, Nabal poderia notar que esse ano ele tinha mais ovelhas para tosquiar do que no ano passado. Davi não estava pedindo muito, somente que Nabal partilhasse qualquer comida e outras provisões que tivesse à mão. Um homem razoável estaria grato a Davi e seus homens, mas Nabal não era razoável.

> Nabal respondeu então aos servos de Davi: "Quem é Davi? Quem é esse filho de Jessé? Hoje em dia muitos servos estão fugindo de seus senhores. Por que deveria eu pegar meu pão e minha água, e a carne do gado que abati para meus tosquiadores, e dá-los a homens que vêm não se sabe de onde?"
> (1Samuel 25:10,11)

Quando os homens retornaram a Davi e lhe contaram a resposta de Nabal, ele ficou furioso. Ele disse a quatrocentos de seus homens que preparassem as espadas e deixassem os outros duzentos para trás, a fim de guardar os equipamentos. A intenção dele era garantir que nenhum homem na casa de Nabal estivesse vivo pela manhã.

A próxima parte da história é fascinante e nos diz muito sobre Abigail. Um dos servos que ouviu Nabal gritar insultos aos homens de Davi sabia que tinha de fazer alguma coisa, mas ele não falou com Nabal, foi falar com Abigail. Isso me diz muitíssimo. Claramente as pessoas ao redor de Abigail a observavam. Não era preciso ser um cientista da NASA para saber que a vida dela era difícil. Os servos deviam ouvir como Nabal falava com ela, ver como ele a tratava. Mais significativo do que isso, eles viam quem ela era apesar do modo como era tratada. Embora estivesse vivendo uma vida que claramente não era a vida que mulher alguma teria escolhido, ela era gentil e forte. A crueldade dele não mudou o caráter dela.

Eu tive de me sentar com esse pensamento por um tempo e me questionar: Como eu me portaria em circunstâncias assim? Não tenho certeza se teria tido a graça dela. Seria difícil não ficar desiludida ou amarga vivendo dia após dia com alguém malvado e insensato. Ela, sem dúvida, não estava. O que fez a seguir nos mostra que tipo de mulher era. Abigail embalou tanto vinho e comida quanto pôde e partiu para encontrar Davi. Eu já tentei "me colocar nos sapatos dela" e imaginar o que eu teria dito. Acho que teria falado mais ou menos assim: Eu sinto muito, muito mesmo. Por favor, nos perdoe. Meu marido é um idiota.

Não foi assim que Abigail começou. Seu discurso cuidadosamente redigido é uma das falas de mulheres mais longas registradas nas Escrituras, e é magistral. Ela começa assim: "Meu senhor, a culpa é toda minha" (1Samuel 25:24).

Quê?! Que jeito de começar. Nada do que havia acontecido era culpa de Abigail, mas ela é uma mulher sábia. Ela sabe que sua humildade e seu respeito podem começar a abrandar o nível da raiva em Davi. E

TUDO BEM NÃO ESTAR BEM

antes que você comece a pensar que ela é uma esposa fraca e codependente, defendendo um marido inútil que evidentemente colocou em risco a vida de todos a seu redor, ela continua:

"Por favor, permite que tua serva te fale; ouve o que ela tem a dizer. Meu senhor, não dês atenção àquele homem mau, Nabal. Ele é insensato, conforme o significado do seu nome; e a insensatez o acompanha. Contudo, eu, tua serva, não vi os rapazes que meu senhor enviou.

"Agora, meu senhor, juro pelo nome do Senhor e por tua vida que foi o Senhor que te impediu de derramar sangue e de te vingares com tuas próprias mãos. Que teus inimigos e todos os que pretendem fazer-te mal sejam castigados como Nabal. E que este presente que esta tua serva trouxe ao meu senhor seja dado aos homens que te seguem. Esquece, eu te suplico, a ofensa de tua serva, pois o Senhor certamente fará um reino duradouro para ti, que travas os combates do Senhor. E em toda a tua vida, nenhuma culpa se ache em ti. Mesmo que alguém te persiga para tirar-te a vida, a vida de meu senhor estará firmemente segura como a dos que são protegidos pelo Senhor, o teu Deus. Mas a vida de teus inimigos será atirada para longe como por uma atiradeira. Quando o Senhor tiver feito a meu senhor todo o bem que prometeu e te tiver nomeado líder sobre Israel, meu senhor não terá no coração o peso de ter derramado sangue desnecessariamente, nem de ter feito justiça com tuas próprias mãos. E, quando o Senhor tiver abençoado a ti, lembra-te de tua serva". (1Samuel 25: 24-31)

Abigail não só deixou claro que sabia quem era seu marido, mas mais importante, ela disse a Davi que sabia quem ele era. Ela o fez lembrar que ele foi chamado a lutar as batalhas do Senhor, não aquelas provocadas por um homem tolo. Um tolo pode trazer o pior em nós e nos fazer esquecer quem somos. Quando reagimos impulsivamente, muitas vezes nos arrependemos. Abigail redirecionou os olhos de Davi para Deus, e ele a abençoou por isso: "Seja você abençoada pelo seu bom senso e por evitar que eu hoje derrame sangue e me vingue com minhas próprias mãos" (1Samuel 25: 33 33).

Eu quero ser uma mulher assim. Que não reage, mas é capaz de responder. Que relembra aqueles ao redor quem e de quem somos. É tão fácil ser puxado para baixo pelo comportamento descontrolado dos outros. Podemos aplicar essa lição em tantas situações. Você trabalha com alguém que o faz revirar os olhos e orar para que Deus o transfira? Se sim, você escolherá permanecer acima e longe da loucura. Outros o observam, aguardam que você os lidere. Talvez haja alguém em sua igreja ou seu estudo bíblico que seja mau e indelicado com todos. A tentação é reagir, formar seu próprio pequeno grupo e devolver o cargo. Abigail nos desafia a reconhecer o que é verdade, a confrontar com a verdade quando for exigido, mas também a permanecermos quem somos em Cristo e a convocarmos os que estão ao nosso redor a fazer o mesmo.

Quando Abigail chegou em casa, naquela noite, Nabal estava bêbado. Em vez de tentar discutir com um tolo bêbado, ela esperou até a manhã seguinte. Quando contou a Nabal o que ela fizera, o coração dele fraquejou. Ele teve um ataque cardíaco ou um derrame e, dez dias depois, morreu.

Quando ouviu que Nabal havia morrido, Davi pediu a Abigail que se casasse com ele. Uma história bastante dramática. Ela havia aguentado um monte. Você pode não ser casada com um Nabal ou não esperar por um Davi, mas eu sei que há decepções na vida e muitos sonhos que caem no esquecimento ao lado da estrada, mas como o trecho da Escritura no começo deste capítulo nos lembra, quando escolhemos, pela fé, prosseguir, perseverar em Cristo, então a perseverança produz um caráter aprovado, e o caráter produz uma confiante esperança de salvação. E essa esperança, essa garantia de que, mesmo que alguns sonhos caiam no esquecimento nesta terra, nossa verdadeira esperança em Cristo não nos decepcionará.

Nem todas as decepções nascem da tragédia, é claro. Muitas são simplesmente sonhos adiados ou mudanças de fases da vida.

NOVAS FASES, NOVOS SONHOS, NOVAS POSSIBILIDADES

Há muito tempo, eu frequentei uma igreja em que a esposa do pastor e eu nos tornamos amigas. Acho que ela me via como um patinho estranho e decidiu "patear" ao meu lado. À medida que ficamos próximas, ela me contou que amava o marido, mas era infeliz em sua situação atual. As outras mulheres esperavam que ela fosse como a esposa do pastor anterior. A outra era uma oradora e líder confiante que adorava sediar eventos de mulheres. Esses não eram os mesmos dons que minha amiga possuía. Ela era quieta mas tinha um coração profundamente compassivo. Eu podia ver que ela estava sendo sufocada pelo molde que esperavam que preenchesse. Um dia, eu lhe perguntei se ela conseguisse projetar a vida que imaginava, como seria? Ela disse que gostaria muito de alcançar mulheres que nunca tinham ido à igreja, aquelas que achavam que não seriam bem-vindas.

"Parece bom!", disse eu. "Vamos orar juntas para ver esse sonho decolar."

Alguns anos depois, seu marido foi chamado para pastorear uma igreja no centro da cidade e, finalmente, minha amiga encontrou o lugar onde sua paixão descobriu uma necessidade profunda. Às sextas e aos sábados à noite, ela e um grupo de mulheres de sua nova igreja preparavam sanduíches e café quente e levavam a uma área no centro, conhecida pela prostituição. Esbarrei com ela um dia, vários meses após sua mudança, e eu não pude acreditar em sua diferença física. Era como se o peso do mundo houvesse sido tirado de suas costas. Seus olhos se iluminavam enquanto me contava como era poder olhar nos olhos de uma mulher que sentia ter pouco valor próprio e lhe dizer que ela era amada por Deus. Perguntei à minha amiga se ela alguma vez tinha medo de andar pelas ruas à noite. Ela disse que não, porque sabia que era onde Deus havia designado que ela estivesse. Demorou muito tempo para minha amiga poder finalmente usar os dons que Deus colocara nela. Quando aquele sonho foi finalmente realizado, foi ainda mais doce.

Nós vimos uma mãe que sofreu uma tragédia, uma mulher casada com um tolo e uma pessoa que se sentiu pressionada a desempenhar um papel no qual não se encaixava. A questão é: Como isso se relaciona com a sua vida agora? Você pode nunca ter enfrentado nenhuma dessas situações específicas, mas o que podemos tirar de cada uma delas para nos fortalecer, para nos ajudar a seguir em frente?

O denominador comum entremeado em cada história é luta e decepção. Nós diluímos a palavra *decepção* em nossa cultura. Agora ficamos decepcionadas se param de fabricar nosso tom favorito de batom ou se um filme não corresponde à empolgação da publicidade. Essa palavra tem um peso maior. Os sinônimos de decepção são *tristeza, arrependimento, desgosto* ou *perda*. Todos nós enfrentamos coisas assim em diferentes momentos da vida. Nem todas as perdas são enormes. Algumas delas até vimos chegando, mas isso não as torna mais fáceis.

Em 2015, nosso filho único saiu de casa em função da faculdade. Barry e eu o levamos de carro à cidade de College Station, no Texas, para acomodá-lo no novo apartamento que ele dividiria com um de seus melhores amigos. Estávamos tão felizes por ele. Ele fora aceito na universidade que era sua primeira escolha, Texas A&M, e estava pronto para começar este novo capítulo na vida. Nós ficamos alguns dias e depois dirigimos de volta para casa. Cerca de dez minutos de viagem e eu comecei a chorar. Eu chorei as três horas inteiras até em casa. Eu ficava me desculpando com Barry, dizendo que estava bem. Eu só não conseguia parar de chorar.

— Estou feliz por ele, de verdade! — dizia, abafando os soluços.

Nós, por fim, chegamos em casa sem nos afogar. Fui para a cozinha preparar o jantar e Barry disse que ia tomar banho. Quando nossa refeição ficou pronta, fui procurá-lo. Ele não estava no chuveiro nem no nosso quarto. Encontrei-o no quarto de Christian, deitado sobre a cama, soluçando. Quando me viu, ele disse:

— Eu estou feliz por ele, estou mesmo!

Todos enfrentamos mudanças. Algumas delas recebemos de braços abertos e outras não aguardamos com expectativa. O que nos manterá fortes e nos ajudará a avançar é saber que Cristo está conosco e é por nós, e que a esperança que temos nele, no final das contas, não nos desapontará. Talvez você possa tirar alguns momentos hoje para pedir ao Espírito Santo que lhe mostre áreas que são decepção em sua vida. Algumas delas podem até ser de sua infância, mas ainda hoje lançam uma sombra. Anote quais são essas áreas e, então, fale ao Pai que elas doem. Ele já sabe, mas às vezes precisamos ser lembrados de que ele sabe. Como aquele garotinho na colina, ofereça a Jesus o que você tem. Este é um ato de adoração que ele receberá.

UM PASSO DE CADA VEZ

Nós não somos suficientes, mas Jesus é

1. Seja brutalmente honesto. Seja honesto consigo mesmo sobre as áreas em sua vida que são uma decepção. Pode ser difícil fazer isso, porque algumas delas talvez não possam ser mudadas e pode parecer que reconhecê-las somente tornará o fardo mais pesado. Isso seria verdade se você tivesse de carregá-lo sozinho. Cristo o convida a compartilhar esse fardo com ele. Coloque tudo no papel. Encare isso. Converse com Deus sobre isso. Converse com Deus sobre as áreas em que você se sente desesperado e decepcionado. Peça a Jesus para andar com você nos lugares que são difíceis.

2. Peça a Deus que o ajude a sonhar um novo sonho. Há algo que você sempre quis fazer, mas que foi empurrado para segundo plano por causa de todas as outras coisas na vida. Vá a uma loja de plantas e compre um pacote de sementes e um vaso pequeno. Observe as sementes quando chegar em casa. Elas não parecem grande coisa. Plante-as e regue-as e depois contemple os primeiros sinais de vida. Quais são as pequenas sementes em seu coração que, sendo cuidadas e regadas em oração, podem dar à luz a algo novo?

3. Medite neste versículo: "Digo-lhes verdadeiramente que, se o grão de trigo não cair na terra e não morrer, continuará ele só. Mas se morrer, dará muito fruto" (João 12:24).

> Às vezes temos de deixar um sonho morrer para recebermos um novo.

Ao cair da tarde daquele primeiro dia da semana, estando os discípulos reunidos a portas trancadas, por medo dos judeus, Jesus entrou, pôs-se no meio deles e disse: "Paz seja com vocês!" Tendo dito isso, mostrou-lhes as mãos e o lado. Os discípulos alegraram-se quando viram o Senhor.
(João 20:19,20)

Ele será conhecido pelas cicatrizes.
(**Michael Card,** *Known by the Scars (1983)*)

SETE

CELEBRE SUAS CICATRIZES COMO TATUAGENS DE TRIUNFO

Certo dia, ao ler o comentário que alguém deixara em minha página do Facebook, eu sorri. A pessoa havia escrito: "Oro para que um dia eu possa ser a mulher piedosa e destemida que você é."

Enviei uma breve resposta, ciente de que não chegava nem perto de contar toda a história da criança e da jovem cheias de medo que eu fora, e da longa e difícil caminhada para entender onde é encontrada a verdadeira coragem. Por eu ter um ministério público, as pessoas tendem a ver as batalhas que ganhei, mas elas nem sempre veem o número de vezes que eu tive de correr para casa e cair aos pés de Jesus, exausta e vazia. Eu amo a promessa do salmo 91: "Ele o cobrirá com as suas asas, e debaixo delas você estará seguro. A fidelidade de Deus o protegerá como um escudo" (vv. 4, NTLH).

Gostaria de poder me sentar com essa pessoa e passar pelos anos da minha vida e os momentos que me moldaram; mas por onde eu começaria? Será que as fotos contam a história?

Eu tenho em grande estima uma velha foto preto-e-branco tirada no jardim dos meus pais, antes da morte de meu pai. Minha mãe, cabelo preto brilhante caindo em delicados cachos sobre os ombros, sorriso doce, segura a mão de minha irmã. Eu estou sentada em um cobertor sobre a grama, meu pai, bonito, ajoelhado atrás de mim, enquanto me inclino sobre ele buscando apoio. Eu devia ter uns dois anos e, pelo formato do meu rosto, estava claramente sendo bem alimentada. (Fato pouco conhecido: quando nasci, eu pesava 4,5 quilos. Isso é um peru!) Essa é uma foto feliz. Nós todos parecemos tão felizes.

Avançando quatro anos. Algo mudou na foto do meu eu aos seis anos. Estou de pé, com um vestido azul, o sol de verão beijando meu rosto sardento. Estou sorrindo, mas há uma certa reserva em meu sorriso. Eu vejo isso em meus ombros também; não mais se inclinando para a foto, mas um pouco puxados para trás.

Há, também, pontos altos posteriores na vida. Eu tenho uma foto com a filha da rainha, a princesa Anne. Eu era a anfitriã na apresentação do Royal Gala de vários atores e cantores famosos no salão Royal Albert Hall, de Londres, para a instituição de caridade favorita da princesa, Save the Children. O fotógrafo tirou essa nos bastidores, justamente quando eu estava fazendo uma reverência, então eu pareço um gnomo de jardim. Quando olho agora para essa foto, entretanto, vejo que é bem glamourosa. Um jovem estilista britânico me vestiu para a apresentação com um lindo conjunto de jaqueta e calça pretas e brilhantes. Um dos maquiadores da emissora BBC fez minha maquiagem, uma vez que, o programa estava sendo televisionado. Tenho certeza de que, se mostrasse à minha amiga do Facebook aquela foto, ela pensaria que eu havia superado a dor de minha infância e agora estava destemida naquele palco. Mas lembro-me de como me sentia por dentro naquela noite. Eu me sentia desconectada, sozinha,

CELEBRE SUAS CICATRIZES COMO TATUAGENS DE TRIUNFO

como se assistisse a vida de trás da segurança de uma jaula de vidro construída por mim.

E quanto à polaroide tirada na noite em que fui internada no hospital psiquiátrico? Pálida, magra, olhos escurecidos como se as luzes houvessem sido desligadas por dentro. Será que isso conta uma história mais honesta? Ou será que nossas cicatrizes contam a história?

Eu deveria começar com o pequeno entalhe em meu joelho direito? Eu caí de bicicleta quando tinha quatro anos e mamãe teve de cavocar para tirar o cascalho. Eu fiquei tão orgulhosa daquela cicatriz. Mostrei ao papai como se lhe apresentasse uma medalha que ganhara na guerra. Minha irmã me mandou parar de cutucar a ferida, porque senão ia aumentar. Eu lhe disse que esse era exatamente o objetivo.

E quanto à cicatriz no braço superior esquerdo, das vacinas obrigatórias que toda criança escocesa recebia na escola? Eles a chamavam de "ninho de passarinho", porque a injeção era redonda e tinha cinco pequenas agulhas, os passarinhos que apareciam e espetavam você. Lembro-me de ficar na fila, atrás de meus colegas, na sala da enfermeira. Eles estavam conversando e rindo, mas eu estava apavorada. Àquela altura da vida, eu associava qualquer tipo de dor a uma perda esmagadora. Eu não queria mais cicatrizes.

Nenhuma dessas fotos ou cicatrizes contaria o ponto de virada em minha história. Nenhuma imagem poderia capturar o momento profundo quando, finalmente, as cicatrizes de Cristo encontraram a ferida em mim. Para isso, eu teria de levá-lo à última fileira em uma pequena igreja em Washington, DC, em 1992. Eu estivera por três semanas no hospital psiquiátrico, e meu médico queria que eu fizesse um passeio para fora das paredes do hospital com uma das enfermeiras. Ele sugeriu que eu fosse ao *shopping* ou ao cinema. Eu disse que não; eu queria ir a uma igreja. Não importava a denominação, apenas uma igreja que cresse na Bíblia. Sentei-me na fileira dos fundos naquela manhã de domingo, morta às poderosas palavras dos hinos, observando o sol entrando pelos vitrais coloridos, contudo, sentindo frio por dentro.

Você já esteve em uma situação assim, sentindo-se tão desesperado que, não importava o que lhe dissessem, não chegava até você? Alguma vez você olhou para palavras que costumavam trazer vida e alegria e esperança quando você abria a Palavra de Deus, mas naquela hora eram apenas palavras em uma página? Você já sentiu alguma vez que, mesmo cercado de pessoas, estava desesperadamente sozinho?

Era assim que eu me encontrava naquela manhã de setembro: sozinha e perdida. Não me lembro da mensagem. Estava difícil me concentrar. Mas quando chegava ao fim de sua mensagem, o pastor disse algo que me chamou a atenção. Ele disse que sabia que alguns de nós nos sentíamos mortos por dentro. Eu olhei para cima. Era como se estivesse falando comigo. Ele disse que não importava quão profundo fosse o buraco, Jesus estava ali. Prosseguiu dizendo que não precisávamos dar um jeito de sair do buraco, bastava somente invocarmos o nome dele e ele é que nos libertaria. Naquele momento, senti como se fosse a única na igreja; até o pastor havia sumido. O único ali, em pé, de braços abertos, com as mãos perfuradas, era Jesus. Nem me lembro se o culto havia terminado quando corri para a frente da igreja e me deitei de bruços diante de uma simples cruz de madeira. As palavras de um hino que minha amada vovó costumava cantar para mim quando criança me inundaram em ondas curadoras:

> Rocha eterna, por mim fendida,
> Permita que em ti me esconda;
> Permita que a água e o sangue,
> Fluindo de teu lado ferido,
> Sejam do pecado a dupla cura:
> Salve da ira e me faça puro.
>
> As obras de minhas mãos não podem
> As exigências de tua lei cumprir;
> Meu zelo não conheceria repouso,

Minhas lágrimas para sempre fluiriam,
Tudo isso não poderia o pecado expiar;
Tu és quem salva e somente tu.

Nada em minhas mãos eu trago,
Simplesmente à tua cruz me apego:
Nu, venho a ti para vestir-me;
Desamparado, olho a ti por graça;
Imundo, para a fonte eu corro;
Lava-me, Salvador, ou morro.[1]

Algo profundo começou em minha vida naquele dia. Foi um entendimento de que o amor e a aceitação de Deus por mim nunca se basearam em eu ser boa o bastante, bonita o bastante ou forte o bastante. Eu vi que aquele que carregava as cicatrizes nas mãos me convidava a sair daquela jaula de vidro de todas as minhas fraquezas e ser vista. Eu percebi, naquele dia, quanto de minha vida fora gasto me escondendo. A ironia no meu caso foi que boa parte desse esconder se deu em público. Embora, quando adulta, eu soubesse que a raiva que meu pai descontava em mim antes de seu suicídio era em função de seu dano cerebral, as mensagens que eu internalizara quando criança haviam vivido comigo por anos.

Se seu próprio pai pode chegar a odiar você, qualquer um pode.
Não deixe ninguém chegar perto demais ou eles vão ver o que seu pai viu.
Ajude as outras pessoas, assim elas verão que você tem um propósito e não a rejeitarão.

É possível fazer um monte de coisas certas pelos motivos errados. Quando saí da igreja naquela manhã, eu soube que não estava conser-

---

[1] Augustus M. Toplady, tradução livre de "Rock of Ages".

tada, mas eu era vista – vista com toda minha fraqueza e era amada. Se Cristo escolhera viver eternamente com suas cicatrizes, por que eu teria vergonha de mostrar as minhas?

Eu tenho uma nova cicatriz que estimo muito agora. Foi resultado de duas cirurgias recentes. A primeira é uma cicatriz horizontal na minha barriga, da retirada dos meus ovários. O tumor do tamanho de uma laranja era benigno, mas a cirurgia deixou uma cicatriz bem extensa. Alguns anos depois, fiz a segunda cirurgia, nas costas. Como mencionei antes, o cirurgião desculpou-se antecipadamente pela marca que a incisão vertical deixaria. No entanto, só quando ela começou a curar é que eu percebi a imagem que a segunda cicatriz havia criado. Enquanto ela cicatrizava, descobri que estava permanentemente marcada por uma cruz. Eu amo essas cicatrizes. Eu as amo porque para mim são um lembrete físico, para todos os dias, de que Cristo está permanentemente marcado por você e por mim. Ele não escondeu suas cicatrizes e nem eu escondo as minhas.

A HISTÓRIA DE DEUS É CONTADA EM CICATRIZES

Haverá mãe que possa esquecer

seu bebê que ainda mama

e não ter compaixão do filho que gerou?

Embora ela possa esquecê-lo,

eu não me esquecerei de você!

Veja, eu gravei você

nas palmas das minhas mãos;

seus muros estão sempre diante de mim. (Isaías 49:15,16)

A palavra hebraica para "gravei" é *chaqaq*. Significa "ser cortado ou ser aberto por um corte". A prática de ter uma imagem na palma das mãos era familiar aos judeus. Era chamada de "insígnias de

Jerusalém". Os homens judeus gravavam imagens do templo ou de Jerusalém na palma das mãos. Para o judeu devoto, significava que essas imagens estariam sempre diante dele. Eis o que eles faziam: Escolhiam uma imagem e a entalhavam em um bloco de madeira, como um carimbo. Depois, mergulhavam a imagem em um pó ou carvão e a aplicavam na mão. Em seguida, amarravam duas agulhas e as mergulhavam em tinta e, então, perfuravam suavemente sobre a imagem, tomando cuidado para não sangrar. Quando estivesse completa, a imagem era lavada em vinho. Isso fazia os homens se lembrarem do templo, mas não do Cordeiro de Deus que tira o pecado do mundo. Eles ainda tinham de seguir as leis dadas a Moisés. Ainda tinham de sacrificar um animal, tirando, simbolicamente, os próprios pecados. Eles tinham de fazer isso vez após vez. Mas o profeta Isaías falou daquele que assumiria nosso lugar e, de uma vez por todas, levaria sobre si o nosso castigo:

> Certamente ele tomou sobre si
> as nossas enfermidades
> e sobre si levou as nossas doenças;
> contudo nós o consideramos
> castigado por Deus,
> por Deus atingido e afligido.
> Mas ele foi transpassado
> por causa das nossas transgressões,
> foi esmagado por causa
> de nossas iniquidades;
> o castigo que nos trouxe paz
> estava sobre ele, e pelas suas feridas
> fomos curados. (Isaías 53:4,5)

Lembro-me de ouvir na escola dominical, quando criança, que Deus tinha nosso nome escrito na palma de suas mãos e eu ficava imaginando quão grandes teriam de ser suas mãos para caber a nós todos. Agora eu penso que toda vez que Deus Pai vê a marca da perfuração nas mãos de Cristo, ele vê você e a mim. Não há imagem que exiba mais perfeitamente o amor de Deus do que as cicatrizes de Jesus. As cicatrizes contam a história de Deus.

> Ao cair da tarde daquele primeiro dia da semana, estando os discípulos reunidos a portas trancadas, por medo dos judeus, Jesus entrou, pôs-se no meio deles e disse: "Paz seja com vocês!" Tendo dito isso, mostrou-lhes as mãos e o lado. Os discípulos alegraram-se quando viram o Senhor. (João 20:19,20)

Posso só imaginar como deve ter sido aquele dia. Por três anos aqueles homens haviam seguido Jesus de cidade em cidade. Eles assistiram multidões crescerem, viram milagres acontecerem diante de seus olhos. Eles haviam visto Jesus, com uma única palavra, transformar uma tempestade em um mar de vidro. Eles sabiam que, a qualquer momento, Jesus tomaria seu lugar em Jerusalém e derrubaria o governo romano. É importante recordar qual era a porção que eles conheciam das Escrituras àquela altura. Eles não tinham o que nós temos. Tudo o que tinham eram os pergaminhos do Antigo Testamento. Aqueles homens ouviram a leitura desses textos no templo desde que eram crianças. Todo judeu guardava em particular a promessa destas palavras do profeta Isaías sobre a vinda do Messias:

> Porque um menino nos nasceu,
> um filho nos foi dado,
> e o governo está sobre os seus ombros.
> E ele será chamado
> Maravilhoso Conselheiro, Deus Poderoso,
> Pai Eterno, Príncipe da Paz.
> Ele estenderá o seu domínio,

> e haverá paz sem fim
> sobre o trono de Davi
> e sobre o seu reino,
> estabelecido e mantido
> com justiça e retidão,
> desde agora e para sempre.
> O zelo do SENHOR dos Exércitos fará isso. (Isaías 9:6,7)

Pense nisso. Se isso fosse tudo que você ouviu desde criança, então você esperaria que, se Jesus fosse realmente o Messias, todas essas coisas estivessem prestes a acontecer. Aqueles homens haviam seguido Jesus, haviam-no observado fazer as coisas que, pelas profecias, o Messias faria, e agora eles esperavam que Cristo tomasse conta. Quando Jesus entrou em Jerusalém em um jumento e a multidão foi à loucura, jogando ramos de palmeira a seus pés, eles devem ter acreditado que o reino do Messias estava começando. A história estava começando a se desdobrar, mas não do jeito que eles pensavam que seria. João registra grande parte da conversa final que Jesus teve com seus discípulos na noite em que foi traído. Ele tentou prepará-los para o que estava prestes a acontecer, mas eles não entenderam. "Alguns dos seus discípulos disseram uns aos outros: 'O que ele quer dizer com isso: 'Mais um pouco e não me verão'; e 'um pouco mais e me verão de novo', e 'porque vou para o Pai'?'" (João 16:17).

No entanto, naquela noite eles cantavam hinos enquanto saíam do cenáculo e atravessavam o vale do Cedrom. Aí tudo começou a dar errado. Você, por acaso, já não esteve nessa situação? Sei que eu estive. Você está em um momento fantástico, amando a Deus, família intacta, quando de repente acontece algo que você não viu chegar, e você se pergunta: *Onde está Deus? Será que ele está vendo o que tem acontecido?* Penso nos milhares de mensagens que recebi ao longo dos anos fazendo esta pergunta: "O que deu errado?"

TUDO BEM NÃO ESTAR BEM

Eu poderia transmitir a você muitas das diferentes situações, mas a que lhe atinge de maneira mais forte é a sua. Não importa qual seja ela, você simplesmente não a viu chegar. Pode ser em relacionamentos ou na saúde, nas finanças ou em planos futuros; seja qual for, quando ela nos acerta (o que parece tão errado), é difícil não entrar em pânico. Todos sabemos que enfrentaremos desafios na vida, mas, às vezes, quando somos atingidos por algo, parece que o inimigo ganhou. É assustador estar nessa situação... Deve ter sido assim que os discípulos se sentiram naquela noite.

A primeira coisa que viram foram as tochas flamejantes se aproximando deles, o som de passadas firmes no chão e, então, Judas sai das sombras e beija Jesus na bochecha. Tenho certeza de que eles nunca confiaram em Judas. O dinheiro sempre desaparecia, mas ninguém esperava isso. De alguma forma com aquele beijo na bochecha identificou-se como os poderes do inferno e os soldados e guardas do templo se moveram para prender a Cristo. Sei que naquela mesma noite, mais tarde, Pedro negaria conhecer Jesus, mas acho que às vezes esquecemos o que ele fez no jardim. Quando viu o que estava acontecendo, Pedro sacou a espada e cortou a orelha do servo do sumo sacerdote. Ele estava pronto para lutar. Eles estavam em número bem menor do que os soldados, e os amigos de Cristo não eram guerreiros, eram pescadores. Acho que Pedro estava disposto a morrer no jardim naquela noite. Assim, quando Jesus lhe disse para guardar a espada e curou o servo, não fez sentido. Deve ter sido um tapa na cara de um homem orgulhoso como Pedro. Daquele momento em diante, tudo pareceu fora de controle. Por fim, após um julgamento ridículo e um açoitamento romano, todos os sonhos deles foram pregados em uma cruz. Enquanto Cristo morria, o chão sob os pés dos discípulos literalmente tremeu e a noite caiu dura.

Marcos nos conta que, quando algumas mulheres foram ao sepulcro na manhã da ressurreição, um anjo lhes disse que Jesus não esta--

va lá, que ele ressuscitara dentre os mortos. O anjo instruiu Maria a contar aos discípulos e a Pedro (que amável fazê-lo saber que, apesar de haver negado conhecer Jesus, ele estava incluído) que Jesus fora à frente deles à Galileia. Deve ter soado bom demais para ser verdade. Nada mais fazia sentido. Naquela noite, eles se reuniram atrás de portas trancadas. A vida não era segura ou previsível agora. Se os líderes judeus puderam tomar um homem inocente e crucificá-lo, os discípulos seriam os próximos?

Subitamente, todos pararam de falar.

> Ao cair da tarde daquele primeiro dia da semana, estando os discípulos reunidos a portas trancadas, por medo dos judeus, Jesus entrou, pôs-se no meio deles e disse: "Paz seja com vocês!" Tendo dito isso, mostrou-lhes as mãos e o lado. Os discípulos alegraram-se quando viram o Senhor. (João 20:19,20)

"Paz seja com vocês". Você consegue sequer começar a imaginar a alegria pura e genuína daquele momento? Eles haviam visto o corpo ferido e golpeado sendo retirado da cruz e envolvido em linho que ficou vermelho como escarlate. Agora, aqui estava ele, vivo novamente. Você já se perguntou por que Cristo manteve as cicatrizes após a ressurreição? Ele poderia ter escolhido ascender sem os sinais da execução brutal que experimentara. Talvez uma das razões fosse seus amigos mais próximos. Assim, eles não teriam dúvida de que este era Jesus, o Cristo, que havia sido crucificado. O grande pregador Charles Spurgeon colocou desta forma:

> Ele disse: "Vejam as minhas mãos e os meus pés. Sou eu mesmo!" Foi para estabelecer sua identidade, que ele era o mesmo Jesus a quem haviam seguido, a quem, ao final, haviam abandonado, a quem viram, de longe, ser crucificado e morto, e a quem haviam carregado para o túmulo na escuridão da noite; esse era

o mesmo Cristo que estava agora diante deles, e eles podiam reconhecê-lo, pois havia o selo de seus sofrimentos sobre ele.²

Quando Cristo estendeu as mãos furadas pelos cravos e o lado ferido, aquelas não eram mais marcas de morte, eram sinais da vitória final: declarando que a morte fora vencida pelo sangue do Cordeiro. Cristo carrega essas cicatrizes no céu como troféus gloriosos da batalha que venceu. Na eternidade, a única ferida desta terra será as cicatrizes de Cristo.

Eu me pergunto o que os anjos pensaram quando viram o Santo voltar, marcado assim. Acho que isso só tornou a adoração mais intensa e o louvor ainda mais glorioso. A maravilha do que Deus, em Cristo, esteve disposto a fazer por aqueles a quem ama.

Essas cicatrizes são troféus da graça. Se você for tentado, por um momento sequer, a duvidar de seu valor, lembre-se disto: O único inocente que viveu está marcado para sempre porque achou que você valia a pena. O mesmo homem que escreveu o belo hino *Rocha eterna*, no século 18, escreveu o seguinte:

> Meu nome, da palma de suas mãos,
> A eternidade não apagará;
> Impresso em seu coração permanece,
> Em marcas de indelével graça.
> (Augustus Toplady)

QUER SER CURADO?

À medida que as incisões de qualquer cirurgia se curam, fica claro que não temos mais feridas, temos cicatrizes. Cicatrizes nos dizem que estamos curados, mas às vezes, como eu fazia quando tinha quatro anos,

---

² Charles Spurgeon, de um sermão pregado em uma noite de sábado, em 30 de janeiro de 1859, na capela New Park Street, no bairro de Southwark, Londres. Disponível em: http://www.romans45.org/spurgeon/sermons/0254.htm.

CELEBRE SUAS CICATRIZES COMO TATUAGENS DE TRIUNFO

continuamos a cutucá-las e elas se tornam feridas abertas novamente. Meu marido, Barry, tem uma pequena cicatriz, ao lado da bochecha, que ele tem futucado pelo último ano. Isso me deixa doida. Inicialmente, ele disse que era um pelo encravado, então precisava cutucar para libertar o fio. Isso foi meses atrás! Agora eu o vejo olhando no espelho de aumento em nosso banheiro toda a noite. A ferida quase curou várias vezes, mas ele vai e mexe de novo. Quando lhe pergunto por que não deixa seu pobre e amável rosto em paz, ele diz que tem certeza de que ainda há alguma coisa ali dentro. Meu pensamento é: Se tem alguma coisa ali, a essa altura já morreu!

Há não muito tempo, estávamos em Myrtle Beach, na Carolina do Sul, para uma conferência. Acabamos tendo uma tarde livre e fomos à praia. Eu amo estar perto da água. É o meu lugar feliz. Acho tão pacífico. Barry também ama, porque ele tem uma teoria: Ele acredita que água salgada pode curar qualquer coisa. É a versão dele do *Windex* (referência ao limpa-vidros cura-tudo do filme *Casamento grego*). Estacionamos o carro alugado e caminhamos até a areia. Parei por uns minutos com os olhos fechados, ouvindo o som das ondas e agradecendo a Deus pelo presente de algumas horas à beira do oceano. Quando abri os olhos, lá estava ele: joelhos bem afundados na água, enchendo dela as mãos em concha e colocando-a na lateral do rosto. Assumi que, agora que estava "curado", ele deixaria o negócio em paz, mas não. Toda noite, lá está ele fuçando, fuçando, fuçando.

Christian e eu amamos provocá-lo sobre isso, mas há situações muito mais sérias quando não queremos que nossas feridas se curem. Nós não queremos perdê-las porque se tornaram nossa identidade. Jesus estende a cada um de nós as mãos perfuradas pelos cravos, mas ele não vai forçar a cura sobre nós. Nós escolhemos.

> Há em Jerusalém, perto da porta das Ovelhas, um tanque que, em aramaico, é chamado Betesda, tendo cinco entradas em volta. Ali costumava ficar grande número de pessoas doentes e inválidas: cegos, mancos e paralíticos. Eles esperavam um movimento nas

águas. De vez em quando descia um anjo do Senhor e agitava as águas. O primeiro que entrasse no tanque, depois de agitadas as águas, era curado de qualquer doença que tivesse. Um dos que estavam ali era paralítico fazia trinta e oito anos. Quando o viu deitado e soube que ele vivia naquele estado durante tanto tempo, Jesus lhe perguntou: "Você quer ser curado?"

Disse o paralítico: "Senhor, não tenho ninguém que me ajude a entrar no tanque quando a água é agitada. Enquanto estou tentando entrar, outro chega antes de mim".

Então Jesus lhe disse: "Levante-se! Pegue a sua maca e ande". Imediatamente o homem ficou curado, pegou a maca e começou a andar. (João 5:2-9)

Ainda é possível ver o tanque de Betesda ao visitar Israel. Ele fica perto da Igreja de Santa Ana, no bairro nordeste da Cidade Antiga. *Betesda* significa "casa da misericórdia", ou "casa do derramamento". Isso é o que desejavam aqueles reunidos dentro dos cinco grandes pórticos cobertos. Eles criam que ali aconteciam milagres. Quando um anjo agitava as águas, o primeiro a entrar no tanque era curado.

Não consigo imaginar o quão doloroso devia ser observar o agitar das águas naquele lugar. Os que esperavam eram cegos, aleijados e desesperadamente doentes. Se uma pessoa fizesse um movimento em direção às águas, os outros fariam tudo o que estivesse em seu poder para arrastar seu pobre corpo quebrado até a borda do tanque, mas somente um seria curado. Imagino que aquele devia ser um lugar evitado pela maioria das pessoas. Era um lugar de miséria e doença, e o povo judeu tinha leis extremamente rígidas sobre quem era limpo e quem era impuro. Eu amo o fato de Jesus ter escolhido ir lá. Ele nunca ficava nos lugares mais agradáveis da cidade e raramente ficava com a multidão mais respeitável. Ele ia aos pobres e quebrantados, aqueles de quem a sociedade desistira.

Alguns dos que esperavam por um milagre tinham amigos para ajudá-los a entrar na água, mas o homem com quem Jesus conversou não tinha ninguém. Talvez o paralítico houvesse ido lá porque se sentisse mais em casa entre os que estavam tão arruinados quanto ele. Jesus fez a ele uma pergunta que parece estranha: "Você quer ser curado?" Por que o homem estaria ali se não quisesse ser curado? Eu me pergunto, no entanto, que imagem de Deus esse homem tinha. Há 38 anos ele ia lá, e devia parecer que a graça de Deus funcionava na base do "o primeiro a chegar é o primeiro a ser servido". Talvez Jesus o tenha escolhido porque ele estava lá há mais tempo do que qualquer outro. Ele havia visto, vez após vez, algum outro conseguir o milagre que queria, e ele nem sequer chegava perto. A essa altura da vida, ele praticamente desistira de ter esperança. Quando Jesus perguntou-lhe se queria ser curado, a resposta foi que ele não conseguia.

— Outro sempre chega lá antes de mim.

Ele desistiu da esperança e aceitou que ele era o que nunca recebe um milagre. A ferida estava sempre aberta.

Às vezes, me pergunto se, em algumas situações, nós também encontramos nossa identidade no "estarmos feridos" em vez de "nós temos cicatrizes". Pode soar duro, mas eu já vi isso muitas vezes. A menos que tenhamos um profundo senso da identidade que temos em nosso Salvador, marcado pela cicatriz, continuaremos a tentar encontrar nossa identidade em nossas feridas.

Você e eu sabemos que coisas terríveis acontecem neste mundo. Crianças são abusadas sexualmente, esposas são espancadas, maridos perdem a esposa para o câncer de mama ou ficam desempregados em uma idade difícil de encontrar trabalho. A lista é longa e dura. Quando chegamos à fé em Cristo, são oferecidas a nós cura e esperança. Isso nunca é uma solução rápida. Pode levar anos para começar o afastamento das coisas que nos feriram de modo profundo, mas à medida que continuamos a andar com Cristo, sua presença se torna maior do que a ferida, e uma cicatriz é formada. Nossas cicatrizes são a prova de que Deus cura. Para alguns, no entanto, a ferida lhes deu identidade, uma história, algo do qual não estão dispostos a abrir mão. A ferida se torna a coisa mais verdadeira sobre eles.

Cristo quer mais para nós. Ele quer que sejamos inteiros. Suas palavras ao homem à beira do tanque naquele dia foram fortes. Os versículos 8 e 9 de João 5 dizem: "'Levante-se! Pegue a sua maca e ande'. Imediatamente o homem ficou curado, pegou a maca e começou a andar."

O original grego aqui é *egeire!*, não é um convite para se colocar em pé, é um imperativo: Levante-se! Não era uma sugestão. Era um comando. Foi com poder e como prenúncio dos dias que viriam: "Eu lhes afirmo que está chegando a hora, e já chegou, em que os mortos ouvirão a voz do Filho de Deus, e aqueles que a ouvirem, viverão" (João 5:25).

O homem pôs-se em pé e foi curado. Ele, contudo, é um personagem interessante. Ele não parece especialmente grato por ter sido curado. Quando os líderes religiosos judeus lhe perguntaram por que carregava a maca no sábado, ele apontou a distância e disse: Foi aquele homem que me mandou! Eles lhe perguntaram a que homem se referia, mas ele não sabia. Ele nem se importara de perguntar a Jesus qual era seu nome. Mais tarde, Jesus o confronta no templo. Ele sabia há quanto tempo aquele homem estivera doente e também sabia o que ia em seu coração, então o Senhor lhe diz que pare de pecar. Em vez de cair de joelhos em adoração, o homem vai encontrar os líderes religiosos e dizer-lhes que o nome da pessoa era Jesus. Este homem levantou-se e andou, mas não seguiu Jesus. Milagres nunca nos mudarão; obediência a Cristo, sim.

CICATRIZES INVISÍVEIS

Nem todas as cicatrizes são visíveis. Às vezes, as cicatrizes que carregamos são de escolhas que fizemos. São mais fáceis de esconder, mas deixam uma marca interna. Penso que essas sejam potencialmente as mais mortais, porque não podem ser vistas, mas o impacto contínuo em nossa vida é profundo.

CELEBRE SUAS CICATRIZES COMO TATUAGENS DE TRIUNFO

O rei Davi sabia o que o pecado não confessado fazia à alma e ao espírito. Suas cicatrizes escondidas o assombravam dia e noite. Você pode ler os detalhes dessa parte de sua história em 2Samuel 11-12. O resumo é que ele dormiu com a esposa de outro homem. Quando ela ficou grávida, Davi enviou o marido para a linha de frente em uma batalha que sabia que o mataria. Adultério e assassinato. Deus havia dado tudo a Davi. O reino de Israel nunca estivera tão grande. O povo vivia agora na plenitude de toda a terra que fora prometida a Moisés e sua riqueza era sem precedentes. Ter tudo isso não nos protege do pecado. Davi olhou para fora um dia e viu Bate-Seba tomando banho. Ele a quis, então a tomou. Deus enviou o profeta Natã para confrontá-lo sobre seu pecado, e Davi, finalmente, veio abaixo. Ele escreveu o salmo 51 falando sobre o impacto que o pecado teve em sua vida.

> Purifica-me com hissopo, e ficarei puro;
> lava-me, e mais branco do que a neve serei.
> Faze-me ouvir de novo júbilo e alegria,
> e os ossos que esmagaste exultarão.
> Esconde o rosto dos meus pecados
> e apaga todas as minhas iniquidades.
>
> Cria em mim um coração puro, ó Deus,
> e renova dentro de mim um espírito estável.
> Não me expulses da tua presença,
> nem tires de mim o teu Santo Espírito.
> Devolve-me a alegria da tua salvação e sustenta-me
> com um espírito pronto a obedecer. (Salmos 51: 7-12)

Davi foi assombrado pelas cicatrizes escondidas em seu interior. Não havia alegria, nem descanso, nem esperança. Ele sabia como a coisa ficava quando o Espírito Santo deixa uma pessoa. Ele vira isso no rei

Saul. Davi reconheceu que, embora houvesse pecado contra Bate-Seba e Urias, o marido, a pessoa contra quem ele havia, de fato, pecado, era Deus. Ele nos dá um modelo para quando cometemos os maiores erros da vida.

Se você se identifica com alguma coisa da história de Davi, quero lembrá-lo de que o mesmo Deus que lavou os pecados de Davi espera por você. Nossa cultura fez um bom trabalho trocando as linhas entre o certo e o errado: agora vale tudo. O que nossa cultura não fez, no entanto, foi fornecer uma resposta para as repercussões internas de abandonar os caminhos de Deus. Ansiedade, depressão e suicídio estão em taxas epidêmicas. Agora, deixe-me dizer isto: eu não acredito que a doença mental seja causada por um estilo de vida pecaminoso. O que estou dizendo é que, quando estamos sobrecarregados com as marcas de culpa das escolhas que fizemos e não sabemos onde procurar por ajuda, ansiedade e depressão podem estar presentes ou se tornar maiores. Conheci um bom homem que se matou porque não suportou pensar em contar à mulher que a havia traído e enfrentar a possibilidade de perder os filhos. Conheço muitos que são viciados em pornografia *on-line* — homens e mulheres que têm medo de confessar seu pecado por parecer sombrio demais. Eu entendo isso.

A igreja deveria ser o lugar de maior graça, mas muitas vezes é onde somos julgados e jogados fora. Se você não tem um lugar seguro agora, permita-me lembrá-lo de que há um Salvador seguro. Não importa o que você tenha feito, não há pecado grande demais para separar você do amor de Deus (veja Romanos 8:38,39), a não ser negar quem ele é e rejeitar o Espírito Santo. Você não tem de limpar a si mesmo; venha como está. As mesmas coisas que fazem com que você se sinta desqualificado para ser usado por Deus podem ser os canais pelos quais ele alcançará outra vida despedaçada. Quando estão recentes, as feridas precisam de espaço e graça para se curar, mas quando as cicatrizes começam a se formar, nós temos uma história para compartilhar.

Li uma pesquisa da Gallup recentemente, falando sobre o fato de os jovens estarem deixando a igreja aos montes. Eu me pergunto se parte disso não é por que alguns de nós, que já passamos por mais coisas na vida, não compartilhamos nossas cicatrizes. Enquanto acharmos que temos de parecer perfeitos, perderemos a grande oportunidade de apontar Cristo, que *é* perfeito, para as pessoas. Eu fiz uma entrevista de rádio que permitia às pessoas ligarem para fazerem perguntas. Uma mulher perguntou: "É verdade que você acabou em uma enfermaria psiquiátrica?" Assegurei-lhe que era. Depois ela perguntou: "Você ainda toma remédio?" Assegurei-lhe que tomava. Ela disse: "Então estou muito desapontada com você." Eu lhe disse, tão gentilmente quanto pude, que havia muito mais em mim que a desapontaria. O que ficou claro para mim, naquele dia, foi: "Eu não sou a boa notícia. Jesus é."

Eu gostaria de poder sentar-me com você, olhá-lo nos olhos e lembrá-lo de que não importa quais sejam suas cicatrizes, internas ou externas, você é mais amado do que é capaz de suportar. Acredito que começar a perceber isso, mesmo que a pontinha desse amor, muda algo no profundo do interior. Queremos que os outros saibam disso também. Eu intitulei o livro de *Tudo bem não estar bem*. Eu creio nisso. Cristo nos encontra onde estamos. Ele não nos deixa lá, mas é onde a jornada começa. O problema é fingir que você está bem quando sabe que não está. Seguir em frente requer coragem, mas você nunca dará um passo sozinho nessa jornada. Cristo está sempre conosco.

Deixe-me perguntar uma coisa enquanto encerro este capítulo: Você está disposto a olhar para suas cicatrizes? Algumas delas podem ser as externas, que sempre lhe pareceram feias. Cristo não vê assim. Ele o convida a trazer-lhe suas cicatrizes. Converse com ele sobre elas. Diga-lhe como você se sente sobre elas. Peça-lhe que as toque. Permita que o amor de Deus repouse sobre suas cicatrizes. Peça a ele que o ajude a vê-las não como cicatrizes que devem ser escondidas, mas como gloriosas tatuagens de vitória, porque você ainda está aqui! Se suas cicatrizes são internas, por causa de escolhas que você fez ou de coisas que foram feitas a você, não permita mais que elas sejam sua identidade. Encontre sua identidade como filho ou filha de Deus. Cristo quer trazer glória ao Pai por meio de suas cicatrizes. Quando Jesus curou um cego, seus amigos lhe perguntaram se o homem ou os pais dele havia pecado para gerar aquela cegueira. Jesus disse que não. "Mas isto aconteceu para que a obra de Deus se manifestasse na vida dele" (João 9:3).

Você permitiria que o poder de Deus seja visto em você? Ele espera com as mãos perfuradas estendidas.

UM PASSO DE CADA VEZ

Encontre sua identidade em Cristo

1. Cicatrizes são a prova de que Deus cura e seu amor é maior que tudo. Onde estão suas? Quais são as coisas que deixaram marca em você? Olhe só, aqui está você! Você conseguiu! Você vai tirar um tempo para comemorar que aquilo que pensou que fosse derrubá-lo não o manteve no chão? Pois deveria! Prepare um café e descanse um pouco aqui. Sim, haverá desafios pela frente, mas, por ora, respire fundo e agradeça.

2. Sua verdadeira identidade é um presente de Deus. Tornar-se um cristão significa que você descobriu quem realmente é. Você não se perde quando se torna cristão, mas encontra quem você foi criado para ser. Veja o que a Palavra de Deus diz:

Você é estimado como tesouro de Deus. "Vocês, porém, são geração eleita, sacerdócio real, nação santa, povo exclusivo de Deus, para anunciar as grandezas daquele que os chamou das trevas para a sua maravilhosa luz." (1Pedro 2:9)

Ele achou que valia a pena morrer por você. "Porque Deus tanto amou o mundo que deu o seu Filho Unigênito, para que todo o que nele crer não pereça, mas tenha a vida eterna." (João 3:16)

Você está perdoado e livre. "Nele temos a redenção por meio de seu sangue, o perdão dos pecados, de acordo com as riquezas da graça de Deus." (Efésios 1:7)

Sua vida eterna é certa e segura. "Eu lhes dou a vida eterna, e elas jamais perecerão; ninguém as poderá arrancar da minha mão. Meu Pai, que as deu para mim, é maior do que todos; ninguém as pode arrancar da mão de meu Pai." (João 10:28,29)

Escolha cada dia um versículo para meditar. Escreva-o em um papel e coloque-o onde você possa vê-lo de novo e de novo.

Pois eu estou certo de que Deus, que começou esse bom trabalho na vida de vocês, vai continuá-lo até que ele esteja completo no Dia de Cristo Jesus.
(Filipenses 1:6, NTLH)

Uma vez que você é real, não pode ser feio, a não ser para as pessoas que não entendem.
(Margery Williams)

OITO

DECIDA COMEÇAR DE NOVO... E DE NOVO

Você já viu alguém que você ama fazer algo meio louco, espontâneo, — algo que parece não combinar com a pessoa — e então percebeu que aquilo de fato é um pedaço de quem ele realmente é? Talvez ele costumeiramente seja bem quieto quando está em uma multidão e, de repente, se tornou festeiro, ou você nunca o encaixaria na categoria dos que se arriscam e, de repente, ele se levanta e assume a liderança. Eu vi meu marido fazer algo assim no último Natal. Foi tão diferente do que ele costuma ser, que me fez rir; mas, refletindo, achei profundamente tocante. Eu vi que ele chegara a um novo patamar de liberdade, um lugar onde se sentia confortável o bastante na própria pele para deixar seu lado bobo aparecer. Mas não foi só uma molhada do dedão na água, ele mergulhou com tudo.

Quando Christian voltou da faculdade, após o Dia de Ação de Graças no ano passado, eu comecei a pensar no Natal de nossa família. Queria que fizéssemos algo um pouco diferente. Christian é filho único e não temos família na América, então significa que, quando ele vem para casa nas férias, somos só nós. Lá estávamos nós, em toda nossa glória: Barry, eu, nossos três cachorros, e, se Christian o trouxesse para casa, Ramen, o Macarrão Perigoso, sua cobra de estimação. Mesmo com os pijamas de Papai Noel combinando (os cachorros também, a cobra não), seríamos uma tribo pequena. Lembro-me de como foi divertido crescer com um irmão e uma irmã e, muitas vezes, desejei que Christian também tivesse irmãos. Eu tinha quarenta anos quando ele nasceu, então sabíamos que talvez ficasse filho único, mas nós oramos por mais filhos. Eu engravidei uma vez mais, quando Christian tinha dois anos, mas infelizmente perdemos aquele pequeno.

Eu decidi que aquele ano, especialmente porque a namorada de Christian estava passando o Natal conosco, nós teríamos um feriado divertido e agitado. Vislumbrei uma viagem para esquiar nas Montanhas Rochosas, mas como eu tenho a coordenação e a graça de um alce bêbado, decidi que era melhor não. Então imaginei uma viagem a Nova York. Havia boa chance de nevar naquele Natal, e o pensamento de beber chocolate quente e assistir à neve caindo, enquanto se passeia em uma carruagem puxada por cavalos, era muitíssimo atraente. Perguntei a Barry e Christian o que eles achavam. Christian estava dentro, mas Barry tinha algumas preocupações:

"E se houver outro ataque terrorista?"
"E se ficarmos presos na neve?"
"E se formos assaltados?"
"E se ficarmos presos na neve e formos assaltados?"

Concordei com ele que, sim, embora remotas, essas eram possibilidades. Então eu o fiz lembrar que, tirando a coisa da neve, tudo isso poderia acontecer em Dallas; assim, ele concordou. Usei minhas milhas de passageiro frequente para comprar as passagens de avião e encontrei um hotel bem na boca da Times Square. Nova York é um lugar que ou você ama ou você odeia. Algumas pessoas acham as ruas lotadas e o ritmo de vida opressivo, mas eu amo. A cidade parece tão viva e, durante a época de Natal, com as luzes na Quinta Avenida e a magnífica árvore no Rockefeller Center, é uma fantasia cintilante.

Nós tínhamos apenas quatro dias, mas os abarrotamos com todas as coisas divertidas que conseguimos imaginar. Fomos patinar no gelo no Rockefeller Center e vimos um rapaz se ajoelhar no gelo e pedir a namorada em casamento. (E ela aceitou!) Assistimos ao musical *Radio City Christmas Spectacular*, com as Rockettes dançando, e comemos castanhas assadas de um vendedor que as assava na rua mesmo. Barry e eu pegamos um riquixá de bicicleta de volta ao hotel e deixamos Christian e a namorada passearem de carruagem a cavalo pelo Central Park sozinhos. No topo da minha lista estava a quieta beleza da Catedral de Saint Patrick. Em meio ao barulho e à agitação da Quinta Avenida, repleta de compradores de última hora, carros e táxis buzinando, foi um presente entrar na paz daquela bela igreja e relembrar de Cristo, o verdadeiro presente de Natal.

Em nossa última noite, enquanto caminhávamos pelas ruas admirando as vitrines e as luzes de Natal, Barry... explodiu. Não sei outro modo de colocar a coisa. Nós estávamos esperando para atravessar uma rua muito movimentada, com um monte de gente se empurrando enquanto esperava o sinal mudar, e, quando finalmente mudou, Barry levantou voo! Ele começou a atravessar a rua pulando. Não estou falando de um pulinho discreto quase imperceptível, ele encarnou *Um duende em Nova York* todinho. Não sei quais filmes natalinos estão no topo de sua lista a cada ano, mas na nossa família *Um duende em Nova York* está lá em cima, com *Natal branco* e *Uma história de natal*. Uma de nossas cenas favoritas é quando Buddy, o duende, atravessa uma movimentada rua de Nova York dando pulinhos, desviando dos táxis amarelos a cada esquina. É muito engraçado, mas tenho que dizer que a pulação de Barry foi melhor. A rua estava lotada de pessoas naquela noite, mas isso não o deteve nem um pouco. Consegui sacar meu iPhone a tempo, coloquei-o para gravar e peguei a maior parte da cena. O que tornou a coisa ainda mais ridícula foi que ninguém prestou atenção àquele homem de 54 anos pulando, no meio da Quinta Avenida, como um gigantesco coelhinho de Natal. Claramente nada perturba os nova-iorquinos. Eles já viram de tudo. Quando voltamos ao nosso quarto naquela noite, mostrei o vídeo a ele.

— O que deu em você? — perguntei assim que nós dois paramos de rir.

— Se você não puder pular feito um coelho grande aos 54 anos, quando vai poder? — disse ele.

Eu amo isso! Desejo esse tipo de liberdade para você também... não necessariamente pulando como um coelho gigante em uma rua movimentada, mas a liberdade de ser tudo o que você realmente é. A maioria de nós começa dessa forma quando criança. Sermos bem-amados nos dá espaço e graça para explorar todas as áreas de nossa personalidade. Tentamos coisas, caímos e falhamos e nos levantamos novamente. Quando somos bem-amados, não temos vergonha de falhar; isso é aceito como parte da grande aventura da vida. Descobrimos tanto o que amamos e o que nos atrai quanto as coisas que podem ser divertidas de tentar, mas claramente não são nosso forte.

À medida que crescemos, no entanto, a vida se intromete; outras opiniões são acrescentadas à mistura, julgamentos são feitos e nos tornamos menos livres. O recreio da escola pode ser o primeiro momento a nos ensinar que nem todos receberão bem quem somos. Talvez sua família risse de todas suas piadas na infância, assim, você assumiu que fosse engraçado, mas a resposta dessa nova multidão é cruel e maldosa. Parte de ser bem-amado é receber, à medida que crescemos, uma resposta honesta e que não envergonhe. Eu achei que houvesse realmente dominado o violino quando criança, até que minha família deixou bem claro que, se eu continuasse tocando, eles tinham certeza de que o gato ia embora de casa. Nós todos rimos disso porque não houve julgamento desdenhoso, apenas um *feedback* honesto. Assim, coloquei o violino de volta no estojo e pedi desculpas ao gato. Então, minha mãe disse: "Mas quando você canta, Sheila, nós todos paramos e ouvimos."

Uma família ou uma amizade saudável pode nos ajudar a entender nossos pontos fortes e fracos. A mensagem é que nem tudo vai funcionar, mas nunca tenha medo de tentar e nunca tenha medo de falhar. Cada falha nos leva a um passo mais perto de onde vamos brilhar. Eu tive o privilégio, há algum tempo, de entrevistar um dos patinadores olímpicos mais amados da América. Ele me contou que caiu mais de 30 mil vezes, contudo, se levantou mais de 30 mil vezes. Que belo exemplo de alguém cuja família o ensinou a perseverar, sabendo onde estava sua força e recusando-se a deixar seu sonho morrer. Há, entretanto, outras razões pelas quais sonhos são abandonados e perdemos quem realmente somos.

ESCONDENDO O VERDADEIRO VOCÊ

Eu estava em um quarto de hotel, certa noite, passando pelos canais, procurando ver a previsão meteorológica, quando o rosto de uma mulher na tela me fez parar. A câmera deu um *close* bem próximo de seu rosto e a dor em seus olhos era esmagadora. A impressão que dava era que ela estava presa dentro do próprio corpo, silenciosamente clamando por ajuda. Eu sentei e assisti o resto do programa. Ela pesava mais de 270 quilos, e o *programa* estava acompanhando sua jornada de perda de peso. A câmera foi de seu rosto para as fotos dela quando garotinha. Ela era adorável, com cabelos loiros encaracolados e brilhantes olhos azuis. A pessoa que a entrevistava perguntou-lhe quantos anos tinha naquelas fotos. Ela disse que tinha seis anos. Então, veio a pergunta dolorosa: "Como você foi dessa menina para o que é hoje?"

Sua história foi contada por entre lágrimas. Era uma história de abuso sexual aos sete anos e a subsequente vergonha e autoaversão. A comida se tornara a única amiga em quem ela podia confiar. Enquanto comia, vinha-lhe conforto e tranquilidade, mas ela sabia que estava se matando lentamente. Para ela, era uma sentença de morte. Eu assisti as duas horas inteiras do programa, torcendo por ela quando tinha sucesso e me doendo por ela quando falhava. Ela havia ido de uma criança radiante e cheia de energia, que amava jogar futebol e andar de bicicleta, para uma mulher que não saia da própria casa há mais de dois anos. Quando o programa chegou ao fim, ela havia perdido mais de 130 quilos e já era capaz de se levantar e andar pela vizinhança. A última cena foi dela observando uma garotinha andar de bicicleta, e, quando olhei para o rosto daquela mulher, não vi mais a mulher de 270 quilos, eu vi aquela menininha com cachinhos loiros e grandes olhos azuis. Ela não havia ido embora; apenas estivera escondida por muito tempo.

Abuso ou trauma na infância têm impacto no quanto você permite que o mundo veja. Você se torna mais cuidadoso, mais contido, porque aprendeu que a vida não é segura. O abuso sexual, em particular, traz consigo um oceano de vergonha. Uma de minhas amigas mais queridas foi abusada sexualmente por alguém da igreja quando era uma garotinha. Esse abuso desencadeou uma das jornadas mais dolorosas que já vi. Ela se tornou promíscua na adolescência porque, em sua mente, sexo era igual à amor e aceitação. Mas, à medida que ficou mais velha, a vida se tornou muito mais confusa. Depois que entregou a vida a Cristo, ela se deparou com esta pergunta: Como ela poderia amar e confiar em Deus quando quem lhe abusara era alguém que supostamente o representava? Demandou um bom tempo, aconselhamento intenso e amigos que não desistiram dela, levando-a a um lugar de paz e aceitação da linda mulher que ela é hoje. Ela teve de lutar muito para se encontrar novamente.

ENCONTRAR LIBERDADE

Eu viajo pelo país na maioria dos finais de semana. Nunca estive em uma sala com mulheres, fossem 10 ou 10 mil, onde este problema não estivesse presente. Escutei quem contasse que o abuso a levou à prática de sexo sem importância com diferentes parceiros, e escutei casadas contando serem incapazes de fazer sexo com o próprio marido, porque elas o equiparavam a algo errado e sujo. Em ambas situações, o sexo, que deveria ser visto como um bom presente de Deus, se tornara uma prisão. Sempre que tenho a oportunidade de me sentar com uma mulher que sofreu um trauma assim, eu ouço sua história pelo tempo que ela precisar para contar. Então eu lhe trago à memória a descrição de Cristo, primeiro falada pelo profeta Isaías (Isaías 61:1,2) e depois pelos lábios do próprio Cristo:

> O Espírito do Senhor
> está sobre mim,
> porque ele me ungiu
> para pregar boas novas aos pobres.
> Ele me enviou
> para proclamar liberdade aos presos
> e recuperação da vista aos cegos,
> para libertar os oprimidos
> e proclamar o ano da graça do Senhor. (Lucas 4:18,19)

Cristo foi ungido para libertar os que estão em prisão e os que mal conseguem levantar a cabeça pelo peso da vergonha. Isso começou há muito tempo. A vergonha entrou no jardim do Éden (Gênesis 3). Então, Cristo, o segundo Adão, veio para tomar nossa vergonha sobre si mesmo. Cada um de nós é convidado a começar a jornada, saindo do lugar onde fomos envergonhados para o lugar onde começamos a sentir a liberdade que Cristo oferece. Eu amo algo que li recentemente em um *blog*:

> Não há nada que roube o culpado por assombrar nossas memórias ou possuir nossa alma como uma identificação com a paixão de Cristo. Somos muito mais do que aquilo que nos

> aconteceu. Precisamos reorientar nossa identidade inteira com a vida [do Senhor] em nós. Temos de terminar a jornada que vai do jardim à cruz, da opressão no jardim à vitória na cruz, derrotando a morte e a vergonha para sempre. Não que vamos ficar livrar de nossa dor... não necessariamente... mas que a dor seja uma dor redimida.[1]

Dor reprimida. Essa é uma verdade poderosa. Todos experimentamos dor, mas quando a levamos para Jesus, ele a redime. O inimigo de nossa alma gostaria de nos manter calados e cheios de vergonha, mas Jesus usa a dor que lhe entregamos para nos libertar e ver outros libertos. Você não é o que aconteceu com você. Você é um filho de Deus.

Nem todo abuso é sexual. Alguns são verbais ou físicos. O abuso verbal vai minando a própria alma. Quem cunhou a frase: "paus e pedras podem quebrar meus ossos, mas palavras nunca me machucarão", provavelmente nunca foi ferido. Encontrei uma menção a esse ditado em uma revista de 1862 (em *The Christian Recorder*, de março de 1862). Na revista se referiam a ele como "um velho ditado"; assim, ele claramente está por aí há muito tempo. Pode ser familiar, mas não é verdade. Palavras machucam. Palavras podem ferir e derrubar. Palavras podem se tornar rótulos que usamos ao redor do pescoço, acreditando que é o que somos. Pedi recentemente a um pequeno grupo de mulheres que falassem sobre os rótulos que carregavam. Elas ficaram quietas por um momento, então esperei. Depois, enquanto falavam, eu entendi as reticências.

Divorciada.

Mãe solteira.

---

[1] Biblical Soul Care Harvest Bible Chapel, "Victory over the Shame of Sexual Abuse" [Vitória sobre a vergonha do abuso sexual], Association of Biblical Counselors (blog), Biblestudytools.com. Disponível em: https://www.biblestudytools.com/blogs/association-of-biblical-counselors/victory-over- the-shame-of-sexual-abuse.html.

Gorda.
Feia.
Velha.
Adúltera.
Indesejada.
Louca.

Aquelas belas mulheres permitiram que palavras cruéis e impensadas de outra pessoa construíssem a prisão em que viviam agora. Os rótulos podem nos informar ou podem nos confinar. Todos andamos em tempos difíceis, e não conheço uma única pessoa que, refletindo sobre a própria vida, diga ter imaginado que as coisas se desdobrariam da maneira como aconteceu. Mas como disse o *blog*, você não é o que aconteceu com você. Quando permite que um rótulo se torne a verdade suprema sobre si mesmo, você deixa de fora a gloriosa redenção que Cristo comprou para você na cruz.

Redenção parece uma palavra para os tempos antigos, mas seu significado é poderoso. Imagine que você houvesse cometido um crime e que lhe fosse solicitado o valor de 10 milhões de dólares para o pagamento da fiança. Impossível. Pouquíssimos de nós conseguiriam obter essa quantidade de dinheiro. O que Cristo fez foi muito maior do que pagar nossa fiança. Ele não só cobriu nossa fiança, ele assumiu nosso lugar pelo crime. De uma situação sem esperança, as portas da prisão foram abertas e nos disseram que estávamos livres. Quando você coloca sua confiança em Cristo, este é o rótulo que o define: filho de Deus. Sim, podemos ser divorciados ou ter excesso de peso, podemos lutar com doenças mentais ou ter cicatrizes no rosto, mas nada disso nos define. Antes, como disse minha valente amiga que foi à conferência de mulheres, exatamente aquilo que pensávamos que iria nos desqualificar se torna o lugar do lembrete diário da graça de Deus.

Enquanto olhava nos olhos daquelas queridas mulheres, pedi-lhes que escrevessem em um pedaço de papel os rótulos que anteriormente as definiam e o enrolasse bem. Depois dei a cada uma delas um balão biodegradável de papel (não queremos causar mal ao planeta) e pedi que prendessem o papel com fita adesiva no interior do balão. Eu fiz o mesmo. Orei sobre cada mulher e apresentei-as a Cristo, pedindo que ele nos ensinasse quem realmente somos. Então, saímos e acendemos a minúscula chama dentro de cada balão, que o levaria ao céu, e os soltamos. Enquanto subiam sobre as árvores e os telhados, li alguns versículos das Escrituras que havia preparado para aquele dia.

> O Senhor, o seu Deus,
> está em seu meio,
> poderoso para salvar.
> Ele se regozijará em você;
> com o seu amor a renovará,
> ele se regozijará em você
> com brados de alegria. (Sofonias 3:17)

> Haverá mãe que possa esquecer
> seu bebê que ainda mama
> e não ter compaixão do filho que gerou?
> Embora ela possa esquecê-lo,
> eu não me esquecerei de você! (Isaías 49:15)

> De modo que, de agora em diante, a ninguém mais consideramos do ponto de vista humano. Ainda que antes tenhamos considerado Cristo dessa forma, agora já não o consideramos assim. Portanto, se alguém está em Cristo, é nova criação. As coisas antigas já passaram; eis que surgiram coisas novas! (2Coríntios 5:16,17)

Eu sabia que seria preciso mais do que simplesmente soltar balões para erradicar as mensagens que haviam se arraigado em todas nós, mas foi um começo. Enquanto trabalho e oro sobre este livro, fica claro para mim que a maneira de avançarmos não é com um salto gigantesco, é um passo de cada vez. Queremos o salto, queremos que tudo mude de forma grande, que seja reconhecível e significativo, mas o progresso duradouro geralmente não acontece dessa maneira. Não só isso, quando esperamos por um salto grande, podemos não notar o progresso que acontece pouco a pouco, com o simples passo de cada dia. Lembro-me de uma amiga me contar sobre uma de suas viagens. Ela é uma fotógrafa ávida e, todos os dias, ficava no convés do navio esperando ver uma baleia. Certa manhã, notou um pinguim fazendo uma dança engraçada sobre uma placa de gelo. Ela disse: "Esse tempo todo, eu esperando uma baleia e esse carinha dizendo: 'Não deixe de me notar!'"

Não deixe de notar os passos simples. Não pense que não são importantes. Para mim, dar um passo de cada vez tornou-se um ato diário de adoração. É alinhar meu coração e mente com quem Deus diz que eu sou. Adoraria dizer que, na fase em que estou da vida, eu já cheguei, mas ainda tenho muito chão nessa jornada com você.

ENTENDER O VOCÊ REAL

Você já se perguntou por que reage de uma determinada maneira quando se encontra em uma situação em particular? Talvez você fique zangado com coisas que não parecem dignas de raiva e se pergunte de onde vem esse sentimento. Ou uma frase em um filme ou de uma música que toque bem profundo e você fique muito emotivo. Quanto a mim, eu tive reações exageradas com meu marido, e foi muito difícil e confuso para nós dois, até que comecei a entender onde tudo começou. Tudo começou quando eu tinha cinco anos.

É difícil acreditar que algo acontecido comigo aos cinco anos de idade ainda pudesse lançar sombra tantos anos depois, mas o faz. O modo como se manifesta é que, em certas circunstâncias, eu fico com um medo irracional. Barry me pedia para explicar por que eu estava com medo, para ele poder entender. O problema era que eu mesma não entendia.

Esse medo aparecia com mais frequência quando Barry e eu estávamos juntos no carro. Sei que na maioria dos casamentos são feitas piadas sobre a direção do outro. Não era piada para mim e, por isso, não era para Barry também. Deixe-me dizer de antemão: Barry é um ótimo motorista. Ele não é imprudente nem distraído. Apesar disso, eu tinha um nó no estômago quando ele dirigia. Eu agarrava meu assento ou fazia barulhos como se me preparasse para um acidente. Como você pode imaginar, isso o deixava louco. Muitas vezes ele pedia que eu dirigisse, só para conseguir paz. Isso realmente me incomodava, porque eu sabia que minha reação o feria, mas eu parecia não ter controle sobre isso. Então ele começou a notar uma coisa. Quando estávamos fora da cidade e nossos anfitriões dirigiam, eu nunca ficava nervosa. É difícil para um marido não levar isso para o lado pessoal! Eu comecei a pedir a Deus que me ajudasse a entender por que eu reagia daquela maneira. Por que não conseguia confiar na pessoa que se comprometeu a me amar por toda a vida?

A resposta foi surpreendente. O fato de Barry ser a pessoa em quem mais confio no mundo era justamente o problema. Antes dele, a pessoa em quem eu mais confiava no mundo era meu pai. Mesmo que, como adulta, eu entendesse que a lesão cerebral tivesse sido a causadora da raiva do meu pai contra mim, meu último encontro com ele foi de quase morte. Não tenho dúvidas de que, se ele houvesse conseguido levar a bengala ao meu crânio, ele teria me matado. Eu o detive, fazendo-o perder o equilíbrio. Claramente que, como criança, eu internalizara a mensagem de que aquele que mais se ama é potencialmente o mais perigoso. Depois de todos esses anos, dois seminários e vinte anos palestrando em conferências para mulheres, eu ainda não havia conectado a maneira como reagia a meu amoroso marido com aquela minha dor do passado. Adoraria dizer que, uma vez que entendi isso, eu estava bem melhor, mas essa é uma jornada na qual ainda estou.

Algumas semanas atrás, Barry entrou em nosso quarto, eu estava sentada dobrando a roupa, ele me entregou meu celular, que eu deixara na cozinha. Em sua cabeça, ele faria algo fofo: em vez de me dar o telefone, ele planejou segurar minha mão e me puxar para si. Não saiu muito bem. Honestamente, ele me assustou. Meu coração batia fora do peito quando me sentei na cama e chorei como uma menininha, porque essa era quem estava chorando.

O jeito de minha família lidar era fingir que nada havia acontecido. Nós nunca conversamos sobre meu pai, nunca mencionamos seu nome. Embora eu ainda experimente momentos como esse, entender por que eu reajo do modo que reajo me ajudou a levar esse pedaço quebrado de mim para a luz curadora da presença de Cristo. Agora eu converso com Jesus sobre isso. Eu tive de levar a menininha em mim para Jesus, vez após vez, e pedir-lhe que a ajudasse. Isso pode soar um pouco estranho para você, mas nós servimos a um Deus que esteve em todos os nossos ontens, está aqui conosco hoje e estará conosco em todos os nossos amanhãs. Ele nos convida a trazer-lhe tudo o que fomos, que somos e que esperamos ser. Se você foi impactado por abuso em seu passado, procure uma fotografia de si mesmo nessa idade (se tiver uma) e fale para o jovem da foto que Jesus está de olho nele e você também. Talvez você queira lembrá-lo desta verdade incrível:

> Tu criaste o íntimo do meu ser
> e me teceste no ventre de minha mãe.
> Eu te louvo porque me fizeste
> de modo especial e admirável.
> Tuas obras são maravilhosas!
> Digo isso com convicção.
> Meus ossos não estavam escondidos de ti
> quando em secreto fui formado
> e entretecido como nas profundezas da terra.
> Os teus olhos viram o meu embrião;
> todos os dias determinados para mim

foram escritos no teu livro
antes de qualquer deles existir.

Como são preciosos para mim
os teus pensamentos, ó Deus!
Como é grande a soma deles!
Se eu os contasse, seriam mais
do que os grãos de areia.
Se terminasse de contá-los,
eu ainda estaria contigo. (Salmos 139:13-18)

AME A PARTE QUEBRADA DE VOCÊ

É incomum ver um rosto masculino em um evento de mulheres, mas lá estava ele, a dez fileiras da frente. Eu me perguntei se a esposa teria lhe pregado uma peça e dito que era uma conferência de homens, e agora ele se viu cercado por um bando de beldades. Eu autografei livros e conversei com as mulheres por cerca de uma hora após o evento, e vi que ele esperava para conversar comigo, com o lado direito do rosto virado para a parede. Quando a última mulher se foi, ele se aproximou de mim e apresentou-se, bem como sua filha, que estava com ele.

Ele tocou o lado direito do rosto, com cicatrizes severas, e me disse com uma voz fraca e rouca que, quando tinha quinze anos, tentara se matar. Ele colocou uma arma carregada sob o queixo e disparou. Contou-me que no milésimo de segundo entre puxar o gatilho e a bala entrar em seu crânio, ouviu Cristo perguntar-lhe se queria viver. Ele respondeu que sim.

Esse homem estava agora em seus quarenta anos, com seis filhos, dentre os quais, a bela jovem ao seu lado. Fiquei impressionada com sua história. Eu já me sentei e chorei com famílias cujo ente querido tirara a própria vida, mas nunca havia estado com alguém que realmente quis morrer e viveu para contar história. Ele me disse que a bala ainda estava em seu crânio, uma vez que seria muito perigoso removê-la, e

DECIDA COMEÇAR DE NOVO... E DE NOVO

que sua voz estava permanentemente danificada. Perguntei se isso era para ele uma lembrança desagradável de seu passado. Ele me falou que era justamente o oposto. Disse-me que tem um lembrete diário da graça e misericórdia de Deus. Ele aprendeu a amar as partes quebradas em si mesmo e a oferecê-las a Cristo. Seus planos são de iniciar uma campanha para jovens que se encontrem na mesma situação em que ele estava aos quinze anos.

A verdade sobre nossa vida é que somos todos quebrados. É mais óbvio quando a cicatriz está na pele e não na alma, mas, não obstante, somos quebrados. A decisão que nos resta é ou esconder esse quebrantamento ou oferecê-lo a Jesus.

Eu sempre amei a história do *Velveteen Rabbit*.[2] Amava mesmo antes de saber porque amava. Agora sei que havia algo pelo qual eu ansiava na ideia de que, uma vez que se torne real, você nunca poderá ser feio, exceto para aqueles que não entendem. Eu queria ser real, mas temia que meu verdadeiro eu fosse feio e decepcionante. Para Jesus nunca somos feios ou decepcionantes; somos amados.

A razão pela qual eu amei Barry atravessar a rua pulando feito o Duende, além do glorioso espetáculo da coisa, é que ele não conseguiria ter feito isso alguns anos atrás. Na escola o provocavam e zoavam dele por ser mais baixo que os outros meninos de sua série. Ele teve um estirão de crescimento na faculdade, mas, àquela altura, as mensagens malvadas já haviam arranhado sua alma. Ele não queria se destacar; ele tentava se misturar. Além disso, sua mãe e seu pai eram superprotetores e lhe ensinaram que o mundo não é seguro. Nos primeiros anos de nosso casamento, Barry escondeu de mim seus ataques de pânico. Ele tinha vergonha de se sentir tão sem controle. Então, quando conseguiu deixar que eu entrasse e me ajudou a entendê-lo, ele não queria que Christian soubesse. Acho que é mais difícil para um cara admitir

---

[2] Foi feita uma adaptação cinematográfica deste livro para o filme *Meu mundo encantado* (2009). [N. do T.]

alguma fraqueza do que para uma mulher. Curiosamente, nos últimos meses, as mesmas coisas das quais tentamos proteger nosso filho foram as que nos aproximaram como família.

Uma noite, quando Christian estava em casa, de folga da faculdade, ele compartilhou conosco que alguns de seus amigos têm lutado com depressão e ansiedade grave, mas têm medo de deixar os pais saberem, porque acham que eles não entenderiam. Eu me senti tão culpada por tentar ocultar de nosso filho as áreas nas quais eu mais preciso da ajuda de Cristo. De que modo eu o estaria ajudando a saber onde procurar ajuda quando precisasse dela? Naquela noite, Barry e eu compartilhamos nosso verdadeiro eu com Christian. Ele recebeu isso como se lhe houvéssemos dado um presente. E suponho que demos. Cristo é o único que nos torna *reais*.

Enquanto Barry e eu íamos crescendo juntos, a maior das curas ocorreu ao sermos capazes de trazer um ao outro e a Cristo à tudo o que somos. Nós contamos um ao outro a pior coisa que já disseram sobre nós, a pior coisa na qual acreditamos, e aprendemos a rir juntos de nós mesmos. Enquanto eu o assistia saltar em uma rua lotada de Nova York, eu ri, não só por causa da bobice da cena, mas porque Barry estava confortável o bastante na própria pele para liberar todo seu bobo interior. Nesta fase da vida, nós dois percebemos que nunca seremos perfeitos, nunca seremos tudo o que o outro podia querer em um cônjuge, mas isso não é ruim. Mais do que não é ruim, é um presente. Quando você percebe que não precisa ter tudo no lugar, pode dar aos outros essa mesma liberdade. Entender que Cristo é o herói de nossa história nos permite sermos humanos.

Um dos versículos que se tornou um versículo de vida para nós dois é aquele com o qual começo este capítulo:

> Pois eu estou certo de que Deus, que começou esse bom trabalho na vida de vocês, vai continuá-lo até que ele esteja completo no Dia de Cristo Jesus. (Filipenses 1:6, NTLH)

CONFIAR NO DEUS REAL PARA COMPLETAR O TRABALHO NO VOCÊ REAL

Quando tinha dezesseis anos, eu era voluntária em uma casa de repouso duas noites da semana e aos sábados. Minhas responsabilidades eram bem básicas. Eu trocava a roupa de cama, limpava os banheiros e fazia chá. Eu amava isso e me apeguei a vários dos residentes. Achava triste que alguns deles nunca recebessem visitas, então eu recrutei minha mãe e minha irmã como visitantes!

Certa noite, uma enfermeira me deu uma tigela de sopa para levar a um residente que havia dormido na hora do jantar. Quando saí da área das enfermeiras, percebi que ela não me dera colher, então voltei à cozinha para pegar uma. Quando passei pela área das enfermeiras, ouvi o seguinte comentário: "Não sei o que vamos fazer na próxima semana. Duas enfermeiras estão doentes e uma está de férias. Quem vai cuidar deste lugar?"

Eu não pensei muito sobre aquilo, porque tinha de pegar uma colher para Fred, então entrei na cozinha e consegui uma. Quando passei pela área delas no caminho de volta, ouvi: "Não se preocupe, Sheila dá conta. Ela já consegue fazer isso sozinha."

Eu entrei em pânico geral. Dei a sopa a Fred e voltei para o escritório delas. Bati timidamente na porta e, quando fui convidada a entrar, desembuchei: "Sinto muito. Eu amo o voluntariado aqui, amo mesmo. Mas eu não posso fazer tudo sozinha. Eu só tenho dezesseis anos!"

Com isso, comecei a chorar. Bem, como você pode imaginar, eu ouvi partes de duas conversas. Estavam, na verdade, me confiando a tarefa de dar a sopa ao Fred, não de cuidar da casa toda. Foi um grande alívio.

Às vezes, vivemos como se toda a responsabilidade de viver essa jornada cristã dependesse de nós, e isso é esmagador. Vemos o que está quebrado e as áreas nas quais estamos aquém e achamos que nunca conseguiremos chegar em casa. Quando escreveu à igreja em Filipos,

Paulo relembrou àqueles irmãos, e a nós, que foi Deus quem começou o trabalho. Não só isso, ele relembra que Deus continuará o trabalho até o dia em que finalmente estaremos em casa com Cristo.

É útil notar que, quando escreveu essa carta, Paulo era um prisioneiro vivendo sob a sombra de uma possível execução. Ele não escreve de uma espreguiçadeira à beira da praia; ele está preso, mas a mensagem permanece a mesma: Deus está cuidando. A palavra grega que Paulo usa para "certo" é *peitho*, a palavra mais forte que ele poderia ter usado para descrever sua absoluta convicção quanto ao que estava prestes a compartilhar. Toda a Escritura deixa uma coisa clara: Quando Deus começa algo, ele já tem o fim em vista. Se você é como eu, já começou projetos que nunca terminou; mas Deus jamais faz isso. Ele é o Alfa e o Ômega, o começo e o fim. Estamos a salvo em seu cuidado. Quando se descreveu como o Bom Pastor, Jesus deixou claro que ninguém nos tira dele:

> As minhas ovelhas ouvem a minha voz; eu as conheço, e elas me seguem. Eu lhes dou a vida eterna, e elas jamais perecerão; ninguém as poderá arrancar da minha mão. Meu Pai, que as deu para mim, é maior do que todos; ninguém as pode arrancar da mão de meu Pai. Eu e o Pai somos um. (João 10:27-30)

Eu tenho prateleiras de comentários bíblicos em casa, e uma de minhas coleções favoritas é o comentário do Novo Testamento da publicadora *A. & C. Black*. Marcus Bockmuehl escreveu o comentário sobre a carta de Paulo aos filipenses, e eu amo o modo como ele desvela a verdade de Filipenses 1:6:

> Em tudo isso, a confiança de Paulo não está no cristianismo dos cristãos mas na Deusidade de Deus, que é supremamente confiável, capaz e empenhada em terminar o trabalho que ele iniciou.[3]

---

[3] BOCKMUEHL, Marcus. *The Epistle to the Philippians*. London: A&C Black, 1997. p. 62.

Não é apaixonante isso? Nossa confiança não se baseia no fato de você ou eu estarmos fazendo um bom trabalho, mas, antes, em Deus, nosso Pai, ser fiel para terminar o que ele começou. Você pode descansar nisso. Pode botar fé nisso. Quando estiver farto de si mesmo e tiver a sensação de que nunca fará progressos reais, lembre-se: Não depende de mim, depende do meu Pai, e ele nunca falha.

Augustus Toplady resumiu esta grande verdade em seu hino *A Debtor to Mercy Alone* [Um devedor exclusivamente à misericórdia]:

> O trabalho que sua bondade começou,
> O braço de sua força concluirá;
> Sua promessa é Sim e Amém,
> E até hoje jamais foi descreditada.

DÊ MAIS UM PASSO

Estou sentada à mesa de jantar em nossa casa, em Dallas. Barry e eu acabamos de levar nossos três cachorros para passear e, na metade do caminho de volta, o céu se abriu e desabou uma chuva; então ele está lá em cima tentando secar três cães muito contrariados. Estou sentada aqui pensando em você e orando por você. Não conheço as coisas difíceis que aconteceram em sua vida e fizeram você se esconder. Não sei quais rótulos você carregou nem quão profundamente enraizadas essas mensagens estão. O que peço a Deus é simplesmente isto:

> *Pai,*
>
> *tu poderias dar a eles a graça de levar esses rótulos a ti? Tu os ajudarias a darem uma boa e dura olhada no que eles têm acreditado sobre si mesmos e, depois, tu os ajudarias a verem a si mesmos como tu os vê: amados, conhecidos, aceitos? Sabemos que*

não estamos bem, mas por causa do que tu fizeste por nós, estamos mais do que bem: estamos redimidos. Ajuda-nos, a cada dia, a dar mais um passo em direção a tudo que é verdadeiro e mais um passo para longe das mentiras em que acreditamos. Ajuda-nos a dar mais um passo, cada dia, para mais perto de ti.

Em nome de Cristo,

Amém.

UM PASSO DE CADA VEZ

Avance seguindo em frente todo santo dia

1. "Isso significa que, se alguém está em Cristo, tornou-se uma nova pessoa. A vida antiga já passou; uma nova vida começou!" (2Coríntios 5:17, tradução livre).

Eu amo a palavra *começar*. Ela fala de algo novo, movendo-se para a frente, avançando, dando o próximo passo. Plante alegria em seu coração. Comece de novo... e de novo... e de novo.

Agora, vamos lidar com os rótulos que você tem carregado. Como você acha que os outros o veem? Você é:

- uma mãe solteira?
- um pai divorciado?
- uma pessoa que teve um caso?
- um alcoólatra?
- um gordo?
- um rejeitado?
- um fracasso financeiro?
- um caos?
- um cristão domingueiro?
- um amigo que é o centro das atenções?

Quaisquer que sejam os rótulos que tenha carregado até este ponto, você está disposto a deixá-los? Você está pronto a se identificar em Cristo? Declare estas verdades sobre sua vida:

Eu sou um vencedor.

Eu posso fazer todas as coisas por meio de Cristo que me fortalece.

Eu faço parte da família real dos céus.

Eu sou uma nova criação.

Eu tenho um futuro e uma esperança.

Assim como estou, neste exato momento, eu sou completamente amado por Deus.

2. Você percebe que antes mesmo de seu nascimento Deus o conhecia e o amava? É isso que Davi escreve:

> Tu criaste o íntimo do meu ser
> e me teceste no ventre de minha mãe.
> Eu te louvo porque me fizeste
> de modo especial e admirável.
> Tuas obras são maravilhosas!
> Digo isso com convicção.
> Meus ossos não estavam escondidos de ti
> quando em secreto fui formado
> e entretecido como nas profundezas da terra.
> Os teus olhos viram o meu embrião;
> todos os dias determinados para mim
> foram escritos no teu livro
> antes de qualquer deles existir.
>
> Como são preciosos para mim
> os teus pensamentos, ó Deus!
> Como é grande a soma deles!
> Se eu os contasse, seriam mais
> do que os grãos de areia.
> Se terminasse de contá-los,
> eu ainda estaria contigo. (Salmos 139:13-18)

Medite nesses versículos. Cada santo dia de sua vida, antes de você sequer respirar pela primeira vez, Deus conhecia e amava você. Pegue a foto mais jovem de si mesmo que você conseguir encontrar. Se não tiver fotos de você bebê, registre em seu diário o dia que você nasceu e escreva ao lado: "Eu era conhecido e amado antes disso."

A grande esperança de seguir em frente é: Se seu sangue ainda estiver pulsando e não houver marca de giz branco em volta do seu corpo, não é tarde para começar de novo… e de novo.

Todavia, não me importo, nem considero
a minha vida de valor algum para mim mesmo,
se tão somente puder terminar a corrida e completar
o ministério que o Senhor Jesus me confiou, de
testemunhar do evangelho da graça de Deus.
(Atos 20:24)

"Voltar?", pensou. "Não adianta nada! Andar de lado?
Impossível! Ir em frente? Única coisa a fazer! Vamos lá!"
(J.R.R. Tolkien, *O Hobbit*)

CONCLUSÃO

VOCÊ FOI FEITO PARA MAIS

Na Escócia, as escolas secundárias de cada cidade se reuniam todas as primaveras para o Dia do Esporte. Era uma coisa grande. Todos os pais vinham se sentar nas arquibancadas e, ao final do dia, o prefeito da cidade presenteava com medalhas e um troféu a escola vencedora e seus atletas. Infelizmente, em minha escola a participação não era opcional.

Eu não sou uma pessoa atlética. Considero a corridinha matinal até a cafeteira digna de algum tipo de reconhecimento. Quando adolescente, eu não conseguia encontrar esporte nenhum no qual eu brilhasse, mas o mais desafiador de todos era o atletismo. Correr me parecia desnecessário, a menos que eu estivesse para perder o ônibus.

Nossa escola era dividida em quatro casas, cada uma com uma cor diferente. Eu era azul, cor fria como meus sentimentos no Dia do Esporte. Todos os alunos eram obrigados a competir em, pelo menos, uma das corridas de pista. Os 200 metros eram uma corrida rápida, e você tinha de ser capaz de disparar feito uma bala e manter esse ritmo até cruzar a linha de chegada. Não havia bala alguma em mim. A corrida de revezamento precisava dos quatro corredores mais fortes, então eu também ficava fora dessa. Os 2 mil metros pediam resistência, do que eu tinha falta; assim, todo ano meu time me colocava para correr os 500 metros. Não era preciso ser super-rápido ou aguentar muito tempo; tudo o que precisava era começar, continuar e terminar. Eu fazia isso todos os anos. Começava, continuava e terminava em último. Seria legal um ano ter terminado em penúltimo, mas isso não foi possível para mim. Mesmo assim, minha mãe fielmente aclamava por mim enquanto eu mancava pela linha de chegada. Meus companheiros de equipe eram menos "úteis". "Como corredora você é uma ótima cantora!", diziam-me.

 Barry também não se encaixa na categoria de atleta e, por isso, para nós dois foi surpreendente descobrir que nosso filho se encaixa. Ele jogou futebol e futebol americano no ensino médio e agora, na faculdade, é um mergulhador certificado e um esquiador muito competente.

 Em nossa primeira viagem em família para esquiar, Barry e eu aprendemos uma importante lição. Há momentos na vida em que a única direção a seguir é em frente, mesmo que tudo dentro de você grite para voltar. Eu assistia esquiação na TV e parecia fácil. Tudo o que você tinha de fazer era apontar aqueles negócios colina abaixo e mandar ver. Não só isso, aquelas roupas eram tão fofas. Então, quando Christian tinha dez anos, rumamos para o Colorado em nossas férias de primavera. Como era a primeira vez de todos nas encostas, nós nos matriculamos em uma aula. Christian pegou de pronto, ele parecia destemido e foi liberado pelo instrutor para se juntar a alguns dos amigos de escola, que também estavam de férias lá, no primeiro nível das pistas verdes, as mais tranquilas.

 Eu achei a colina do coelhinho para iniciantes, um pouco desafiadora. O instrutor ficava me dizendo para formar uma fatia de pizza com os esquis, mas os meus estavam mais para uma pizza enrolada. Eu concluí que estava tendo dificuldades porque a colina era fraca. Afinal, as pessoas que eu assistia nos Jogos Olímpicos de Inverno desciam uma montanha, não ficavam de um lado para o outro. Barry concordou. A descida do coelhinho não era para nós; nós fomos feitos para mais. Ao final de nossa aula, o instrutor sugeriu que nos inscrevêssemos para outras no dia seguinte e no seguinte. Agradecemos e lhe dissemos: "Deixa com a gente." Nós estávamos prontos. Era hora da liga profissional.

Nós entramos na fila para o teleférico Drink of Water, cheios de esperança e confiantes de que logo estaríamos zunindo colina abaixo, eu em minha roupa rosa e branca; e Barry, todo americano, em vermelho, branco e azul.

Sentar no teleférico é um pouco desafiador. Ele não para quando você vai embarcar, o que me pareceu mal pensado. Você tem de pegá-lo vindo por trás de você, sentar-se, puxar a barra e se segurar. Bem, nós nos viramos com isso. O cenário no trajeto era de tirar o fôlego. Ainda estava cedo e muitas das encostas estavam intocadas. A neve brilhava como diamantes ao sol. Barry manteve os olhos fechados o tempo todo. Eu achei que ele estivesse orando, mas descobri, depois, que ele tem medo de altura. Isso já devia ser um sinal.

— Não seria incrível se fôssemos realmente bons nisso? — disse eu, olhando para um esquiador solitário graciosamente fazendo seu trajeto descendo a montanha abaixo de nós.

— Seria! — concordou ele, de olhos ainda fechados. — Se houvéssemos exercitado isso mais cedo na vida, quem sabe onde estaríamos agora?

Agora eu sei. Estaríamos com gesso da cabeça aos pés.

Se eu achei que *subir* no teleférico era desafiador, nada me preparara para conseguir *descer*. Observei as pessoas à nossa frente ao chegarem ao topo.

— É só esquiar para sair — disse a Barry. — Você vai ter de abrir os olhos! Eles não nos dão muito tempo.

No minuto em que pus meus esquis na neve e a cadeira seguiu em frente, eu caí de cara no chão, o que fez o desembarque do casal atrás de nós mais desafiador. Eles caíram em cima de mim enquanto eu tentava me arrastar para longe. Levantaram-se e saíram esquiando, resmungando alguma coisa sobre "esquiadores novatos". Barry não caiu, mas também não parou. Ele esquiou de cabeça para uma lata de lixo e depois aterrissou sobre seu traseiro. Eu engatinhei até ele, um esqui no pé e outro fora. Não foi o começo mais promissor.

— Esqueça isso. A gente dá conta — eu disse. — Ninguém falou como entrar e sair daquela geringonça. Esquiar vai ser muito mais fácil.

Nós, cada um em sua vez, posamos para umas fotos, bastões na mão, óculos de esqui, parecendo bem... olímpicos. Com os dois esquis no lugar, juntei-me a Barry para ler a placa que dizia quais pistas estavam disponíveis a partir daquele ponto da montanha. Algumas estavam marcadas em azul e pareciam mais difíceis. Decidimos que, embora provavelmente déssemos conta, começaríamos com uma pista verde. Nós nos contentamos com uma chamada Red Buffalo [Búfalo vermelho]. Gostei da sonoridade do nome. Como as corridas de búfalos pela planície, nós também começaríamos esta corrida para a qual nascemos.

Ficamos no topo da pista por um momento, olhando para baixo. Era bastante íngreme. Mesmo assim, grandes grupos de crianças decolavam colina abaixo e nem sequer tinham bastões. Assim, eu respirei fundo, sorri para Barry e inclinei meus esquis para baixo.

Eu descobri que, afinal, tinha uma bala dentro de mim! Disparei a uma velocidade absurda, descendo em linha reta, e percebi que não havia perguntado onde ficavam os freios. (Sim, agora eu sei que não há freios.) Então eu fiz a única coisa em que consegui pensar na hora: caí para a frente. Aterrissei com força na neve, meus óculos foram para um lado e um esqui e meus bastões para o outro. Ao ouvir uma garotinha gritando, eu me virei, e percebi que era Barry. Ele estava vindo na minha direção. Pelo olhar de completo horror em seu rosto ficou claro que sua primeira corrida não estava indo nada melhor que a minha. Eu me preparei para o impacto. Ele bateu em mim e depois rolou um pouco mais colina abaixo. Arranquei meu esqui que ficara e desci para ver se ele ainda estava vivo.

CONCLUSÃO

— O que a gente estava pensando? — perguntou ele quando recuperou o fôlego. — A gente não consegue fazer isso. Não somos esquiadores. A gente gosta de rio preguiçoso.

— Espere aí — falei. — Tenho que recuperar minhas coisas.

Deixei com ele o esqui que eu segurava e me arrastei de volta até a colina, esquivando-me de esquiadores bravos por todo o caminho. Encontrei meu outro esqui e os bastões, mas os óculos tinham ido embora. Ou alguém os pegou ou eles foram enterrados no meio da neve. Considerei isso um "efeito colateral" e me arrastei de volta até onde Barry estava, agora deitado de costas.

— O que vamos fazer? — perguntei. — Estamos no meio da montanha. Não podemos engatinhar todo o caminho de volta. Temos que descer.

— Tem ônibus? — perguntou ele.

— Barry, estamos em uma montanha, não no shopping. Temos que descer.

— Que tal uma equipe de resgate? — sugeriu.

— Isso é para pessoas feridas, não para pessoas idiotas!

Agora, eu percebo que, se você é um esquiador, isso parece ridículo, mas nós estávamos genuinamente apavorados. Era um longo caminho para descermos todo, e a confiança equivocada que tínhamos lá no topo desapareceu junto com meus óculos.

— Vamos só ficar aqui, então — disse ele. — Christian vai mandar um grupo de busca se não voltarmos.

— Você quer que um menino de dez anos consiga ajuda para a mãe e o pai que estão presos no meio de uma colina para iniciantes? — perguntei. — Sem chance. A gente tem de fazer isso. Temos de recolocar os esquis e vamos nos ajudando para descer a montanha.

É difícil colocar os esquis quando você está em uma colina, mas, por fim, conseguimos colocá-los e lentamente, quero dizer lentamente mesmo, indo de um lado ao outro da colina, finalmente terminamos nosso caminho até lá embaixo. Quando nos encontramos com Christian, seus amigos e os pais deles, ao final do dia, ele estava radiante:

— Foi incrível, né?
— Aham... nós dois achamos incrível — respondi.
— Que ainda estejamos vivos — murmurou Barry.

Tivemos a sorte de deixar aquela viagem com nada além de alguns arranhões e egos feridos, mas eu levei comigo algo daquela experiência que tem se mostrado verdade vez após vez. Há momentos, mesmo épocas na vida, em que você tem de se colocar em uma direção e lutar, não importa quão difícil seja, para chegar do outro lado. Acho que isso é verdade na minha caminhada com Cristo. É fácil crer e dar o próximo passo quando as coisas estão indo bem, mas quando você se encontra preso entre quem você costumava ser e quem você quer ser em Cristo, pode ser uma batalha espiritual. Pense em Pedro pisando para fora do barco no mar agitado. Talvez, como eu, ele tenha pensado: "Eu dou conta", mas a lição que aprendeu naquela noite lhe ensinou mais sobre a suficiência de Cristo, não a dele mesmo.

> Alta madrugada, Jesus dirigiu-se a eles, andando sobre o mar. Quando o viram andando sobre o mar, ficaram aterrorizados e disseram: "É um fantasma!" E gritaram de medo.
> Mas Jesus imediatamente lhes disse: "Coragem! Sou eu. Não tenham medo!"
> "Senhor", disse Pedro, "se és tu, manda-me ir ao teu encontro por sobre as águas".
> "Venha", respondeu ele.
> Então Pedro saiu do barco, andou sobre as águas e foi na direção de Jesus. Mas, quando reparou no vento, ficou com medo e, começando a afundar, gritou: "Senhor, salva-me!"
> Imediatamente Jesus estendeu a mão e o segurou. E disse: "Homem de pequena fé, por que você duvidou?"
> Quando entraram no barco, o vento cessou. Então os que estavam no barco o adoraram, dizendo: "Verdadeiramente tu és o Filho de Deus". (Mateus 14:25-33)

CONCLUSÃO

Pedro tinha de lutar constantemente com quem ele sabia ser e quem ele desejava ser como discípulo de Cristo. Estamos familiarizados com a noite em que ele traiu a Cristo, mas é fácil deixar passar o que Jesus lhe disse algumas horas antes disso. O Senhor disse assim: "Simão, Simão, Satanás pediu vocês para peneirá-los como trigo. Mas eu orei por você, para que a sua fé não desfaleça. E quando você se converter, fortaleça os seus irmãos" (Lucas 22:31,32).

Na língua original, fica claro que Satanás pediu para peneirar os discípulos todos, mas que Cristo havia orado por Pedro, em particular.

Em essência, Cristo estava dizendo a Pedro: "Você vai ter de lutar por sua fé. Não vai ser fácil, mas quando você se arrepender e voltar, ajude seus irmãos a se tornarem mais fortes."

Eu amo o fato de, depois da ressurreição, Cristo perguntar a Pedro três vezes se ele o amava. Três vezes ele negara sequer conhecer a Cristo, mas na praia, naquela manhã, ele teve a oportunidade de declarar publicamente seu amor três vezes.

> Depois de comerem, Jesus perguntou a Simão Pedro: "Simão, filho de João, você me ama mais do que estes?"
> Disse ele: "Sim, Senhor, tu sabes que te amo".
> Disse Jesus: "Cuide dos meus cordeiros".
> Novamente Jesus disse: "Simão, filho de João, você me ama?"
> Ele respondeu: "Sim, Senhor, tu sabes que te amo".
> Disse Jesus: "Pastoreie as minhas ovelhas".
> Pela terceira vez, ele lhe disse: "Simão, filho de João, você me ama?"
> Pedro ficou magoado por Jesus lhe ter perguntado pela terceira vez "Você me ama?" e lhe disse: "Senhor, tu sabes todas as coisas e sabes que te amo".
> Disse-lhe Jesus: "Cuide das minhas ovelhas." (João 21:15-17)

Alguns comentaristas sugerem que a única razão para Jesus ter perguntado três vezes a Pedro se ele o amava era cancelar as três negações, mas acho que há mais coisa. Eu acho que Cristo estava testando onde estava a fé de Pedro. Será que ele ainda era o mesmo pescador impetuoso e autoconfiante que jurou que nunca falharia, ou seria ele agora um homem que sabia onde estava sua força: em Cristo apenas?

Nas duas primeiras vezes que pergunta a Pedro "você me ama", Jesus usa a palavra *agapa*. É desta palavra que temos o amor *agape*, significando o amor divino entre Deus e nós. Pedro responde com a forma mais fraca dessa palavra, *phile*, que descreve o amor fraterno entre amigos. Na terceira vez, Cristo usa a palavra de Pedro: *phile*, e Pedro, entristecido, responde que sim, ele ama Jesus com um amor humano imperfeito. Deste lugar de transparente vulnerabilidade, Cristo comissiona Pedro a ser o que alimenta suas ovelhas. Foi significativo ele ter feito isso na frente dos outros discípulos. Eles sabiam como Pedro havia falhado. Eles sabiam do choque e da agonia de Cristo sendo crucificado e como Pedro chorara amargamente por haver deixado Jesus quando ele mais precisava. Agora Cristo estava dizendo a todos que Pedro seria o que lideraria. Ele segue informando Pedro sobre um pouco do que lhe aguardava: "Digo-lhe a verdade: Quando você era mais jovem, vestia-se e ia para onde queria; mas quando for velho, estenderá as mãos e outra pessoa o vestirá e o levará para onde você não deseja ir" (João 21:18).

Quando jovem, Pedro fora capaz de fazer o que queria da vida, mas agora, em um serviço humilde para Jesus, e de vagas esgotadas, ele seria levado aonde nunca escolheria ir. A história da igreja registra que, de fato, Pedro foi preso e crucificado, mas o homem que disse não saber quem era Jesus, não vivia mais: ele fora transformado. Enquanto seus braços eram estendidos para serem pregados na cruz, Pedro pediu para ser crucificado de cabeça para baixo, pois se via indigno de morrer da mesma morte que seu Senhor e Salvador. Pedro perdeu a confiança em si mesmo e, em lugar disso, ficou cheio de fé no Cristo ressuscitado.

MAIS

Comecei este livro com a verdade básica de que tudo bem não estar bem. Jesus nos conhece e nos ama como somos, quer nos sintamos fracos ou fortes. Mas eu quero terminar encorajando você a lutar por mais. Toda pessoa que encontro nas Escrituras disposta a lutar com sua fé, a lutar para conhecer mais de Deus, foi mudada. Pense em Jó. Olhamos para algumas de suas histórias. Vemos como ele lutou com Deus em meio à sua dor. Ele não pegou leve, ele lutou muito. Deus o elogiou por se recusar a ficar quieto. Ele levou todas suas queixas a Deus e, no final, Jó disse: "Meus ouvidos já tinham ouvido a teu respeito, mas agora os meus olhos te viram" (Jó 42:5).

Essa declaração me desafiou por anos. A implicação era cristalina: Você vai lutar por uma fé que seja sua ou vai se contentar com o que todo mundo fala sobre Deus? Em meus dias mais sombrios, no chão do meu quarto de hospital em uma ala psiquiátrica, eu escolhi lutar. Como Pedro, eu lamentava pelos meus próprios fracassos. Quando adolescente, costumava caminhar ao longo da costa onde eu morava, na Escócia, e declarava a Deus que, ainda que todos os outros falhassem com ele, eu jamais o faria. Agora eu havia sido levada a um lugar para o qual jamais teria me inscrito, mas foi ali, quando chorei nas cinzas de meu próprio fracasso, que eu pude dizer como Jó: "Meus ouvidos já tinham ouvido a teu respeito, mas agora os meus olhos te viram."

Àquela altura, eu já era cristã há 25 anos. Havia feito seminário para o ministério. Havia estado em rede nacional em um programa de televisão todos os dias, durante cinco anos, e falara sobre o amor de Deus, mas eu ainda vivia em uma prisão de vergonha e medo. Deus, em sua misericórdia, me levou a uma prisão para me libertar. Quando não havia absolutamente nada para me aplaudirem, Jesus me perguntou: "Sheila, você me ama?" No chão daquele quarto eu disse: "Sim." Mas, não foi o sim de "deixa comigo", mas o sim encharcado de lágrimas de finalmente entender que eu nunca serei suficiente. Eu nunca estarei sem problemas, mas isso não era o que ele me pedia. Ele perguntava:

"Você me ama?" Medir nossa vida e nosso serviço a Cristo pelo estarmos bem ou não, é um modo de vida destrutivo à alma. Sempre daremos dois passos à frente e três atrás. Eis a mudança: Cristo pergunta: "Você me ama?"

Nosso comportamento muitas vezes nos detém porque nos desanimamos com nossos próprios fracassos. Não é assim que Cristo vê ou mede o seu e o meu valor. Em lugar disso, ele simplesmente pergunta se nós o amamos. As regras tentam modificar nosso comportamento, mas o amor, o amor de Deus, muda nosso coração. Quando nosso coração está livre para amar com abandono, sabendo que não estamos sendo julgados pelas vezes que falhamos, nosso comportamento muda. Ele muda não porque temos de mudar, mas porque amamos tanto a Deus que queremos mudar. O amor de Cristo nos impulsiona a dar o próximo passo, e o próximo... e o próximo. O ponto nunca foi se comportar melhor; sempre foi estarmos amando mais, e nada, nada, *nada* pode nos separar desse amor.

> Pois estou convencido de que nem morte nem vida, nem anjos nem demônios, nem o presente nem o futuro, nem quaisquer poderes, nem altura nem profundidade, nem qualquer outra coisa na criação será capaz de nos separar do amor de Deus que está em Cristo Jesus, nosso Senhor. (Romanos 8:38,39)

E AGORA?

Obrigada por fazer esta viagem comigo. Estou orgulhosa de você! Alguns passos podem ter sido mais fáceis de tomar do que outros, mas penso que nos mais difíceis de entender é que está a maior recompensa.

Em alguns passos deste livro você terá de voltar várias e várias vezes. Mas tudo bem, porque, ao dar um passo de cada vez, você está avançando a cada dia. Quando coloca sua mão na mão de Cristo e diz "sim!" aos pequenos degraus e aos grandes degraus, você nunca mais será o mesmo. É a maior aventura da vida!

CONCLUSÃO

Vale a pena lutar por você.
Vale a pena lutar pela sua fé.
Vale a pena lutar por Cristo.

Pois eu estou certo de que Deus, que começou
esse bom trabalho na vida de vocês, vai
continuá-lo até que ele esteja
completo no Dia de Cristo Jesus.

(FILIPENSES 1:6, NTLH)

AGRADECIMENTOS

Em primeiro lugar, obrigada à Baker Publishing Group. Este é meu primeiro livro com a Baker Books e estou muito feliz por fazer parte da família. Vocês têm uma herança e um compromisso riquíssimos em edificar o corpo de Cristo por meio de livros relevantes, inteligentes e envolventes. É uma honra publicar com vocês.

Sou profundamente grata à minha editora, Rebekah Guzman. Foi uma alegria não só trabalhar com você, mas me tornar sua amiga. Obrigada por seu trabalho duro e sua perspectiva inestimável.

E a Mark Rice, Eileen Hanson, Dave Lewis e todos os outros que participaram deste livro na Baker, obrigada por acreditarem nesta mensagem.

A James e Betty Robison, obrigada pelo privilégio de trabalhar lado a lado com vocês na Life Outreach International, levando esperança e cura a um mundo arruinado.

E a meu filho, Christian. Você é uma constante fonte de amor e encorajamento. Eu amo ser sua mamãe.

Por fim, a meu marido, Barry. Você andou e orou comigo ao longo de cada página deste livro. Sou muito grata por isso e amo você.

Jesus, tu fazes todos os dias valerem a pena.

SOBRE A AUTORA

Sheila Walsh cresceu na Escócia e é conhecida como "a encorajadora" das mais de 6 milhões de mulheres que conheceu e às quais falou ao redor do mundo. Ela ama ensinar a Bíblia, tornando a Palavra de Deus prática, e compartilhar sua própria história de como Deus a encontrou em seu ponto mais baixo e a ergueu novamente.

Sua mensagem: Deus é por você!

Sheila ama escrever e já vendeu mais de 5 milhões de livros. Ela também é co-apresentadora do programa de televisão *Life Today*, exibido nos EUA, Canadá, Europa e Austrália, com mais de 300 milhões de espectadores diariamente.

Chamando o Texas de lar, Sheila mora em Dallas, com o marido, Barry; o filho, Christian; e três cachorrinhos: Belle, Tink e Maggie.

Você pode manter contato em inglês com ela por Facebook (sheilawalshconnects), Twitter (@sheilawalsh) e Instagram (sheilawalsh1).

Este livro foi impresso em 2019, pela Assahi,
para a Thomas Nelson Brasil. O papel do miolo
é pólen soft 80 g/m², e o da capa é cartão 250 g/m².